大節凜燕山六百載至今如昨

宗祠留太行萬千劫雖死猶生

张昺　画像现存北朱村张忠烈公祠

北朱村 忠烈公祠大殿张鬲塑像 张克强 摄

北朱村 张鬲陵园享堂内塑像 张克强 摄

北朱村张昺祠山门河南省文物保护单位碑　张克强　摄

始建于明代万历十九年（1591 年）的北朱村张昺祠大殿　张克强　摄

北朱村 张昺陵园 牌楼山门　张克强　摄

北朱村　张昺墓　碑楼　张克强　摄

文　萃　集

（第二册）

忠烈公张昺

张咸贞　著

中 州 古 籍 出 版 社

千古忠烈中华魂（代序）

“为有牺牲多壮志”“遍地英雄下夕烟”。这是毛主席1959年6月25日回归故里、拜谒亲人时，心潮澎湃、情感万千之际，挥毫写下的七律《到韶山》中的诗句。诗中饱含着领袖的爱恨之情以及对忠烈的高度褒扬。是啊，雄心壮志、忠贞不二者才会舍生起义、含笑赴死——忠烈公张昺便是！他是中华民族宝贵传统美德的楷模与灵魂！

“祖宗虽远，祭祀不可不诚”“子孙虽愚，经书不可不读”。这是《朱子家训》中的佳句。吾祖忠烈公张昺虽大义凛然、慷慨就义610多个春秋，但其高尚气节、光辉形象仍然熠熠生辉！就此而言，祖宗仿佛还活在我们身边，植根于家乡人民心中。所以，弘扬先人的伟大精神和坚贞无畏、义薄云天的高尚气节，是子孙后裔们的责任——特别是真实历史纪实，是一定要细细品味的。为此，北朱村很是重视忠烈公张昺史实的搜集与整理。党总支书记、村委会主任张小爱，以及村老年协会负责人等，曾多次赴晋搜集史料，拜谒忠烈公祠、都城隍庙，考察、辑录有关史实及其逸闻趣事、美丽传说等口碑。随行的我历时八年，才完成了《忠烈公张昺》书稿。

“人固有一死，或重于泰山，或轻于鸿毛”，这是司马迁在《报任安书》中，对于人之生死的评价。吾祖是为履行职责、不受威胁利诱而死的，死得重于泰山！祖宗壮烈赴死之后，明代六位帝君纷纷为之平反昭雪、多次封谥。

明建文帝为表彰张昺赤心奉国壮烈之举，特敕谥“贞毅”。

敕谥张昺的，还有杀害他的明成祖朱棣。据祖宗故里岭上村张昺祠中的一通碑刻记载：“永乐（明成祖朱棣）羡公之忠，敕封为都城隍而立庙，以忠名焉。”无独有偶：明永乐二十二年（1424年），明代第四位皇帝仁宗朱高炽颁诏礼部，为建文诸臣平反昭雪，“家属悉宥为民，还其田土；戍边者放还”，并责成吏部每年立秋到九月的每月初一祭祀，朱允炆臣子们的家属，无论在教坊司、锦衣卫、浣衣局及习匠、功臣家为奴者，皆“赦免为平民”。明正统五年（1440 年）九月二十三日，明代第六位皇帝英宗朱祁镇（1435～1449 年 1457～1464 年两度在位），特别是正统十四年(1449 年) 土木堡之变中被瓦剌人俘虏之后，更感建文朝忠臣慷慨坚贞、舍生取义精神可嘉。

明隆庆六年（1572 年），明代第十三位皇帝、神宗朱翊钧再次为吾祖宗平反昭雪，昭示天下：“褒录建文诸臣，建表忠祠于南京”，“祀建文朝尽节诸臣于乡，有苗裔者恤录”。发帑建祠，春秋致祭，颁为定典。

南明皇帝朱由崧为抵抗清军入侵，激励国人振奋民族精神，于弘光元年(1645 年)，又追赠张昺太子太保（从一品），谥号“节愍”。

明朝初年，由于元末统治者的暴政和长期战乱，社会经济遭到严重破坏，致使城乡凋敝、田园荒芜、人口稀少、农业萧条，百姓颠沛流离，国家由乱入治，百废待举。吾祖宗在地方和中央居官 17 年，特别是调入工部后政绩卓著，注重恢复、发展生产，实施了多项有利于农业生产、人民生活的国策。

忠烈公张昺是彪炳史册的明初重臣，是今河南省焦作市中站区府城街道办事处北朱村吾张氏之先祖。历史正本清源，他的赤胆忠心与天地共存，大无畏精神万古长青!

“人生自古谁无死？留取丹心照汗青。”南宋丞相文天祥为国家社稷捐躯被载入史册，张昺亦是如此。我们不仅为这位英烈骄傲自豪，更要继承他的伟大精神忠于祖国，忠于人民，随时准备为之奉献一切!

吾祖宗的一生光辉灿烂，但因朱棣是以“靖难”为由发动兵变夺得皇位，登上大明天子宝座的，其在位的 22 年中，不可能正面宣传张昺，有关史料散佚。《明史》对于张昺的记载也不多，此为撰写传记之最大不利因素。为探求历史真相，张氏后裔代代顽强多方搜集资料，整理有关史实，并有《张昺生平简历》《张昺传略》等问世；还出版了《北朱村文史资料·第一辑 张昺墓祠》专辑等。笔者是在前人研究、探索的基础上集大成，并从中知晓了一些鲜为人知史实的。还有一些重大的发现，也融入了此书之中。

此书 2014 年 3 月完稿后，先后征求了张征兴、张保发有前期成果者的意见。征兴兄当时眼疾很重，还是尽心尽力地仔细审稿，并提出了自己的八点看法。吾据此修改意见认真探讨修改后，又赴晋送书稿于故里晋城岭上村张保发先生处，请为书中山西部分史实把关。保法先生尽管担任岭上村党支部书记工作繁忙，但还是挤出时间细致审稿，提出了 15 处修改意见。因怕电话里说不清楚，曾两次下山来面见吾与北朱村党总支书记张小爱，诚挚详说了对书稿的看法及其修改意见。之后，吾又多番核查、修改，对照有关史料慎重勘正，才拿出了这最后的书稿。在此，对为吾祖史实的研究、搜集、整理、提供史料者表示衷心地感谢——特别是先贤张允芝、张崇德先生，以及当今深有研究的张征兴、张保法先生等！

《忠烈公张昺》得以出版问世，是我区、吾张氏的一件幸事，我为之振奋！此书意在承前启后地发扬光荣传统、弘扬伟大精神，为文化强国和全民实现小康社会的“中国梦”输入正能量，并使之转化为构建和谐社会的动力！

这部传记，仅只是研究、探讨忠烈公张昺史实的起步。热望能有更多同仁纵深研究、拓宽探索领域，使之成果丰硕。

书中不当之处，敬请不吝赐教，深表谢意。

忠烈公张昺二十一世裔孙女　咸贞

2015 年 3 月

目　录

生 平 简 介

“宁可断头死，莫做易主臣”，这是张昺的豪言壮语。

据《明史·卷一百四十二·列传第三十》载：“张昺，泽州人。洪武中，以人材累官工部右侍郎。谢贵者，不知所自起，历官河南卫指挥佥事。建文初，廷臣议削燕藩，更置守臣。乃以昺为北平布政使，贵为都指挥使，并受密命。时燕王称疾久不出，二人知其必有变，乃部署在城七卫[①]及屯田军士，列九门[②]防守，将执王。昺库吏李友直预知其谋，密以告王，王遂得为备。建文元年七月六日[③]，朝廷遣人逮燕府官校。王伪缚官校，置廷中，将付使者。绐昺、贵入，至端礼门，为伏兵所执，俱不屈死。

“初，昺被杀，丧得还[④]。靖难后，出昺尸焚之，家人及近戚皆死。”

这篇传记言简意赅地记载了明代建文年间，北平布政使张昺忠心报国、以身殉职的悲壮史实。

张昺出身寒门，因博学多才而进士及第。入仕后平步青云，官位显赫。又据史料记载：“张昺（1358～1399 年），山西泽州党庄里胡儿岭人。明代洪武年间，以人才累官至工部右侍郎和刑部侍郎等职”。由此可以证实：张昺史实确凿无疑。

洪武二十八年，早已是二品封疆大吏的张昺，因熟知水利，被委任为巡视大员（正二品），到怀庆府督察河务。视察丹河时，即兴赋诗一首：“寂寞春山上，同人欠跻攀。云深千障隐，风定一泓寒。扑面林花舞，循崖独鸟盘。自怜幽兴极，欲去屡蹒跚。”

洪武三十一年，明太祖朱元璋驾崩，太孙朱允炆即帝继位，是为建文帝。为控制诸藩王势力，朝廷先后削藩。十一月，张昺出任北平布政使，与谢贵等受密旨，监察燕藩朱棣。建文元年六月，张昺等人被骗入燕王府，出现了前文的一幕。

据多处考证：“张昺明代初期累官工部右侍郎、刑部侍郎、户部尚书、兵部尚书、礼部尚书、北平布政使等职”的记载确为史实，使得《明史·列传·张昺》中的“累官”二字，有了应照与具体内容。又据《北朱村文史资料·第一辑》记载，“明故处士张深之墓碑记”正面主文铭记：“公讳深，号子渊。乃大明北平左布政、历任户部尚书张忠公之玄孙也。”这一记载证实了张昺曾在户部任过尚书之职的史实。明初取消丞相制，朝廷内共设六部，直接对皇帝负责、理事。张昺在中央六部之中从政五部，正应了《明史》“以人才累官”之说。

一代英烈永垂不朽！

注释

①七卫：明代的军政是由兵部下设置都司卫所来管辖的。洪武十三年（1380年），为防止军权过于集中，改“大都督府”为中左右前后五军都督府，分领在京卫所（锦衣卫等除外）及各地的都司卫所。都督府设左右都督、都督同知、都督佥事以及经历、都事等官职。在京各卫，统称京卫。各卫最高机构为指挥使司，按最初规定设指挥使一人（正三品）、指挥同知二人（从三品）、指挥佥事四人（正四品）。京卫以下为千户所，设正副千户等官，千户所下又设百户所，有百户等官。

都司卫所是地方军事总机构，都指挥使司（简称都司）为最高机构。到洪武二十五年（1392年），全国共建立十七个都司，其中东北地区设立了奴儿干都司和辽东都司。

洪武元年（1368年）初置燕山六卫以护北平。是由乐安卫改燕山左卫，济宁卫改燕山右卫。第二年八月又设置燕山前卫和燕山后卫。洪武三年十二月，升燕山卫为都指挥使司。洪武四年置蓟州卫指挥使司。洪武七年（1374年）九月，燕山都卫指挥使朱杲，与通州、汝宁、密云三卫指挥佥事在古北口遭遇元军遗部战死。十一月调福州都指挥使曹兴为燕山卫都指挥使。洪武八年正月，曹兴升为大都督府佥事。洪武九年十一月，将各地所设都卫改为都指挥使司。燕山都卫改为北平都指挥使司。北平卫改为燕山前卫指挥使司。洪武十一年，又置燕山中、左二卫指挥使司。洪武十三年改北平大兴右卫为燕山右护卫。这样，当时北平即有燕山中左右前后五卫及燕山的右护卫。

综上所述，指的是当时驻防北平城的北平都指挥使司、燕山右护卫，燕山中左右前后五卫，共计七卫。

②九门：北京内城又称“京城”“大城”。东段和西段的大部分为元大都城墙，北段和南段修筑于明朝洪武、永乐年间。内城有城门九座，故又名“内九城”：由朝阳门、崇文门、正阳门、宣武门、阜成门、德胜门、安定门、东直门、西直门组成。古代官职“九门提督”中的“九门”正是指此九门。

③建文元年七月六日：为公历1399年8月7日。

④丧得还：指的是将张昺的尸身运回南京。

祖籍山西胡儿岭

张昺的祖籍，在今山西省晋城市泽州县高都镇岭上村。在此村北约百米处的路西，有屹立的张昺故里碑为证。

这通被当地人称之为“指路碑”的石刻，被高大威武的碑楼护卫着。碑楼上方中央的“圣旨”二字格外醒目。碑中正文是“明赠兵部尚书谥忠烈张公故里”。这通碑北面的不远处，是晋城——陵川公路。这条公路古时为官道。这座故里碑，是明、清、民国时期，途经此处官员的“驿站”。在上述三个历史时期内，这通故里碑甚是威严：凡过往文官下轿，武官下马。由此可见“忠烈公”在上层人物心目中的分量。碑旁原有茶棚一座，专供官员歇脚、品茗。可惜的是这座茶棚在日寇侵华扫荡时被毁。

如今，顺着这座碑楼东面的大道向北，在大路北侧、通往岭上村的路口，一座气派、高大的牌楼迎宾而踞。牌楼上方的一行字，与故里碑中央文字基本相同：“张昺故里”；下款是“岭上村”三个醒目的大字。张昺的家世、出生、求学、进士及第和逝去后的一连串故事，都是从这里说起的。

英贤忠臣代代敬，神话传说原本人。这句话正应了建文年间“忠烈公”张昺口碑相传至今的人生轨迹。如今，在“忠烈公”张昺祖籍山西晋城地区的人们，仍像六百多年前那样，简直将张昺传说演绎成了神话人物。还是让我们回归历史，把话从头说起吧——

元末顺帝至正十八年(1358 年)，张昺在山西泽州党庄里胡儿岭（今山西省晋城市泽州县高都镇岭上村）一户殷实的张姓农家诞生。父、祖善良、忠诚、勤谨，长年耕作，种粮、植棉等不辍劳作。母亲张氏贤淑勤快，终日里侍奉公婆、相夫教子、操持家务，稍有隙时，就纺织、养蚕，是远近出了名的贤惠、勤快媳妇。一家三代五口，生活过得和美温馨。

俗话说“天有不测风雨”“祸不单行”。令人惋惜的是：上苍并未眷顾这户厚道善良的人家。身强力壮的张昺父亲，突然身染重病。虽经多方求医问药，但最终还是没能够挽回性命。从此，孤儿寡母相依为命，生活还算过得去。

水南寺中才学成

张昺继承了前辈们的勤劳、善良、忠诚美德，因袭了好学的基因。眼看着到了上学的年龄，他整日里吵着要上学。其母与北上矿村的舅父商量后，把他送到了私塾里。张昺幼年聪敏好学，身体健壮，记忆力超人，大有过目不忘之才，是棵上学的好苗子。长相上从小看大，如同关圣公般地皮肤红润、丰满，浓眉大眼，方脸庞。虽然年纪尚幼，但能看得出其不同于一般孩童的出类拔萃气质。进学馆读起书来就是数年，直到明洪武十五年（公元 1382 年）中选。

张昺幼年的求学故事，如同一串串的珍珠，有趣而又熠熠生辉。

对于水南寺与张昺的记载，水南寺内《重修水南寺》碑记云："北上矿村，旧称北上磏。磏者，铁矿是也。盖因村中多磏，故以为名。明代工部右侍郎、北平布政使张昺公即此。"村之北，尚有张公庙。据明代姜清《姜氏秘史》载："昺，山西泽州人。晋城之东三十里，水南寺也。寺在村南高台之上，依村面水，群山环绕，景色秀美。"

张昺就是在这个环境优美的水南寺中，度过了他人生的成长、学习时期。

张昺入学后学习努力，尊师敬友。加上过目能诵、举一反三、触类旁通，先生器重他；学友们都很喜欢和他交往。

张昺的学第水南寺在北上矿村西南隅，而他的家却在该村东约两三里处的岭上村。他每天上下学，要走几里远的路程独自回家。但是他胆子正，不害怕。无论盛夏严冬，从不缺课。因为天资聪明、颖悟不凡，学习成绩一向优异，老师心中很是怜念。俗话说：玩耍是儿童的天性。他在高质量完成功课之后，总爱玩耍，踢毽子是他的强项。但是，当时的私塾是整天上课，学生没有课间休息，只有去茅厕才准离开书房一会儿。因此，他踢毽子只能是在上、下学的路上：上学时踢一路，到了学第东面的土地庙时，就拐进去放好毽子；等放了学回家时再进土地庙内拿走，一路踢着回家。后来，他的这个秘密被学友发觉，报告给了先生。先生觉得他功课很好，小孩子上下学途中贪玩并不为过，于是就叮嘱他：别把毽子带到学馆里。他很听话，之后仍旧将毽子置于土地庙中。再后来，同学们放学后都跟着他到土地庙内踢毽子。封建社会里的教育理念与现代大相径庭：老师要求学生整天学习，不准休息。即使是每次考试张昺都名列前茅，但先生口头上却没敢多表扬他。只是，心里对他的关爱却要多出其他学生几分。一般情况下，他下了夜课总是独自回家，先生放心不下。待他离开学馆之后，都要走出寺门，目送他东去一段路程。

张昺在水南寺读书时，字就已经写得很好了，在远近村庄都很是出名。所以，人们无论是逢年过节，还是红白喜事，总要请他给写对联、吉祥喜语什么的。他乐意帮忙，有求必应，还抄录了不少的对联备用。一天，村上一户人家嫁闺女，请他给写喜联。他写了“在天愿做比翼鸟”“于地喜结连理枝”，横批是“百年好合”，引来不少识字人的围观赞赏：寓意深远，高雅含蓄。

山西大部分地域缺水，但也不能一概而论：张昺的家乡岭上村不缺水，北上矿村就更是涌泉多出、三面环水，而且水质甜美。

岭上村和北上矿村一带的小米享誉天下，当地富含铁矿等物质的红色土壤营养丰富，靠天浇灌的甜美水质，提升了它的品味。这样的优质小米，不仅张昺爱吃，就连大明开国皇帝朱元璋也很爱吃。所以，这里的小米每年都要给朝廷上贡。自打张昺入仕朝廷之后，因供职尽心敬业、政绩卓著被朝廷器重，成了洪武皇帝的宠臣，所以洪武帝对之了解也就比较多。每当他回乡探亲、祭祖时，洪武帝总是开玩笑似的嘱咐：“别忘了带点儿家乡的‘极品’！”

直到目前为止，水南寺前面的洼地里，还涌淌着甘甜的泉水。就连北上矿村中央的大型组合喷泉的水，也都是这里时刻自然涌出的天然泉水。

这里有一段后话需要前提。张昺很是眷恋自己的学第。他做官后爱骑马，一回到家乡就到水南寺去看望自己的恩师，为学校置办些必需品。由于去得多了，在附近的河边，有一块马蹄印石，据说是张昺骑马回乡时，无计其数地到河中饮马，踩踏落下的印记。那条“马道”，而今已被修筑得宽阔平坦，成了村中一条靓丽的风景线。

过得五关皇榜中

公元 1368 年正月，朱元璋在应天府（后来的南京）登基，国号明，年号洪武。

在一些重大国事就绪之后，洪武帝吸取元代不重视科举的教训，欲兴科举取士，并颁布了一系列的科考规章制度。其中，对应试答卷的程式也作了具体的规定，要求文章一律按“八股文”写作。“八股文”的好处是答题形式标准化，便于阅卷批改和评分参比；其负作用是易于考生钻空子，机械套搬，投机取巧。

元代蒙古人统治中原时期，科举考试中落。但以《四书》试士，却是元代所开的先例。明王朝建立之后，科举制度进入鼎盛时期。明代对科举高度重视，科举方法之严密也超过了以往历代。

有明一代，科举取士是读书人入仕的必由之路。明代入国子监学习者通称监生，大体有四类：生员入监读书者称贡监，官僚子弟入监者称荫监，举人入监者称举监，捐资入监的称例监。监生可以直接做官。特别是明初张昺所处的时代，以监生出任中央、地方大员者多不胜举，张昺便是其中的一位。繁多的层层考试胜出，可以看出张昺学业、仕进的艰辛与实力。

闻言要开科取士，尽管张昺还是位少年，但已经有了满腔报效朝廷的壮志。他明白，寒门学子只有品学兼优，才能走向外面的世界，将来才有可能步入朝堂，参与社稷大事。于是，他暗暗下定了决心：只有兢兢业业地刻苦学习，才会满怀信心地踏上科考征程。但是，好长时间过去了，朝廷却一直没再提及此事。张昺并不灰心，仍在继续勤奋努力着。直到洪武十五年（1382 年），朝廷才正式颁发了恢复科举取士诏令。时年，张昺已是满怀报国之志的 24 岁热血青年。

所谓科考，指的是历代封建王朝，通过考试选拔官吏的一种制度。由于采用分科取士的办法，所以叫作科举考试。科举考试的年份称之为“大比之年”。

到了明朝洪武年间，科举考试逐渐形成了完备的制度，共分四级进行：院试（即童生试）、乡试、会试和殿试。考试内容基本是儒家经义，以《四书》文句为题，规定文章格式为八股文，解释必须以朱熹《四书集注》为准。说是四级，其实是五关。因为，四级的前提是各校的品学兼优者。

院试合格后，才能取得生员(秀才)资格，方可进入府、州、县学学习。

如此说来，张昺比上述的考试，又多过了一关，这是一项习已成规的考试：考生必须先在自己就读的学校通过考试，才能够取得资格走出去。对于这一关，张昺认为不难。因为，平日里他的学习功底一向扎实。果然，他以优异成绩轻而易举就通过了考试的门槛，走出了自己就读多年的母校，取得了县试资格。

县试中，张昺沉下心来，专心答卷。他胸有成竹，对于每个部分的句数、句型，都按严格的限定行文，写起来很是顺手。他先写出了“破题”规定的两句，说破了题目的意义；然后，顺利地“承题”了三句，承接“破题”加以说明；而后，又“起讲”概括了全文之后，议论就开始了；接下来马上“入手”，引入文章主体。他写出了从“起股”到“中股”八股文的主要部分，尤以“中股”突出了中心。在正式议论的四个段落之中，他每段都有两股相互排比、对偶的文字。如此庞杂冗长的八股文章，在他的笔下不犯思想地按时成就，可见他的笔力功夫之硬！因为他知道，文章的八股就是由此而得名的。他明白八股文的题目，是出自《四书》《五经》的。他还知道，八股文的内容，是绝对不许超出《四书》《五经》范围的。所以就模拟圣贤的口气，传达了圣贤的思想。对于考生来说，这种考试，是不允许自由发挥、直抒胸襟的。他心里明镜儿似的，必须按照要求做文章：不怕内容、形式束缚思路，要认真按规定写好。所以，他综合性地运用了《四书》《五经》等平日所学之积累，潇潇洒洒地写好了八股文章。他就这样顺利地通过了县试，考取了秀才资格。

“乡试”考后发布正、副榜，正榜所取的叫举人，第一名叫解元。张昺被正榜录取，成了举人。按照当时规定，举人就可以被授予知县官职。

依照大明律法，县官必须异地就职。据传，张昺就是由举人直接任职到阳城县做了知县的。他清正廉明，爱民敬业。两年县官当下来，又被提升为沁州直隶州的知州。尽管公务繁忙，但并不影响他的高远志向。他还要再向上考，去参加“殿试”。于是，在紧张的公务之余，他秉烛夜读，决心再博。

所谓的“及第”，指的是科举考试应试中选，应试未中者叫落第或是下第。张昺已经“登科”。所谓“登科”，其实就是及第的别称，是考中了进士——他逐级完成了从秀才、举人到进士的科考升华。

这话说起来容易，其实进士科是比较难考的，录取率非常低。当时有“三十老明经，五十少进士”一说。所谓“明经”，是我国唐代以来科举考试中的项目。

主要考试经义，较进士易考。所以，封建社会里的官员们，无论官职大小，都以未能考取过进士而感到遗憾。因此，进士及第的读书人社会地位相对较高。

“进士”是科举考试的最高功名。《儒林外史》第十七回如斯说：“读书毕竟中进士是个了局。”进士参加殿试之后，才能被录为三甲进士。据统计，在我国长达一千三百多年的科举制度中，考中进士者总数约有 98749 人。如古代许多著名的作家都是进士出身：唐代的贺知章、王勃、宋之问、王昌龄、王维、岑参、韩愈、刘禹锡、白居易、柳宗元、杜牧等，宋代的范仲淹、欧阳修、司马光、王安石、苏轼等。明清两代，常是考中进士后，一甲即授官职，其余二甲参加翰林院考试，学习三年之后再授予官职。张昺考中一甲，授予了官职。

综上所述，张昺在科举考试中都能够得中，绝对是读书人中的佼佼者！

献大爱赶考途中

根据张守深口述整理

相传，张昺在赴京赶考路途之中，做了大好事一件。

张昺在赴京考试之前，就已成家立业，有了夫人、儿子。其岳父李员外赠予良驹一匹、纹银三百两。尽管如此，母亲张氏、夫人李氏还是担心路途遥远恐遇不测。因此，他又带了近戚程亨和贴身侍卫张红两人。其实，张昺不需要保镖，自幼习文之余为强身健体、休息脑筋而经常练武。他习练武功是在水南寺读书时就开始的。当时，母亲担心他下夜课独自回家不安全，为防范野兽和歹人，让他早起或是闲暇之时，跟着村人习练武功。年龄稍长，又投到高师门下，练就一身精湛功夫，防身自卫还是可以的。但是，为了让老母和夫人放心，就带了这两位侍从。一是挑些书籍文墨及日常衣物用品等；二是解了高堂、夫人之忧。

那日，他们行至商丘地界，在离城四十里的悦来旅店落脚，遇到了意外的一幕：他们主仆三人刚步入这家旅店，就听到房内传出呕吐之声。他们都是火热心肠，还未住下来就闻声而至。细问店家，才得知这位身染重病的客官姓王名吉，是滁州人士。到北方做生意回返至此店时，就已经生病。多日来久治不愈，而且日益加重。经医生诊断，他得了瘟疫。那年春天北方瘟疫流传，不幸他给染上了。由于急着赶路，病还未愈就要启程。不仅囊中银两用尽，还卖掉了马匹，已经是贫病交加。听完店家的陈述，张昺恻隐之心油然而生。思忖一番之后，做出了别人意想不到的决定：一是慷慨解囊，拿出银两，先给那商人看病；二是把马匹让给那商人，并派自己的两位随从，日夜兼程地照料他回家。店家和店内旅客虽然都很感激他的仗义与好心，但又担心他为一个素昧平生者耽误考期感到惋惜。他说："不要紧的，时间还来得及。再说，救命总比科考要重要得多。科考要是耽误了，大不了下科再考。但如若耽搁了病症，人要是没了，可就永远无法补救！"

他的话很是在理，众人也不好再劝阻。翌晨，程亨、张红和他的马匹，送那商人返家。临行之前，他又叮嘱二位随从好生照顾。全店人等都很感动，都说他好心必有好报！那商人感动得热泪盈眶地千恩万谢，并说："如果苍天有眼我病痊愈，定然当牛做马报答救命之恩！为使我永生铭记，从今日起，我的另一个姓氏就是‘牛马’！”

他的两位随从护送这位病人回家，一走就是多日。他心里虽然着急，但还是尽量稳下心来，不是读书，就是写诗作文。眼看着考期临近，他们二人还未回来，他只好徒步上路。店家感动得送出老远，临别时说道：“此番前去定会感动上苍、皇榜高中！回返时，可别忘了我这悦来小店。住上十天半月的，全都是免费！因为，您是我今生见过的最好的人！难得，难得啊！如若日后做了大官，定会为百姓做主，为朝廷分忧！”

等到两位随从晓行夜赶地返回店中之时，张昺已经离店三日。店家送别这赶路的这二位时，又学说了与张昺的临别之言。两位随从虽然已经打马要走，还是大声谢道：“谢谢您的美意吉言，一定带到！”

在之后的宦海生涯中，张昺确实正如悦来店家所说：实在是难得的好官、清官、国家栋梁之才！这是后话。

据说，那位客商病愈后果然又找到这家悦来旅店，一定要感谢张昺的救命之恩。张昺他们主仆三人，全都没有告诉他名姓，他一定要到旅店去查询住宿时登记的名姓，好日后承谢。

程亨、张红他们快马加鞭地追赶主人，两日后才又团聚，共奔京城而去。直到开考的头天晚上，他们才慌慌张张地赶到了京城。考官头天晚上到各个店家查询找他。不得已之时，他才道出了实情。当考官得知他因帮素昧平生者而差点耽误考期后很是感动，非但不再责怪他，还特意尽快为他补办了有关考试的手续。考官说：“就凭此颗赤诚之心，想来学业也是上乘！”

赶考的举子们闻知赶考途中献大爱的事之后，个个都向他投注敬佩的目光。加上后来皇榜得中，他的事迹一时间传遍了整个京城！

那年的恢复科考，是因为大明朝形势大好、凯歌连奏。先是徐达等出塞击元旗开得胜，只打得元军仓皇逃命。当追至胪朐河（今克鲁伦河）附近时，俘获了许多元兵。接着，傅有德等率军出击云南。元梁王闻风丧胆，被迫自杀。中庆路降明，改名曰“云南府”。扫除了边陲心腹大患之后，朝廷注重了对国事的治理：进一步完善了定赋役籍、编制里甲、详造“黄册”序列工作。这项工作始于洪武四年。因为有关户、丁、赋、役的清册，是以黄纸为封面的，所以，人们称之为“黄册”。这项工作十年一次，其实就是全国性的人口普查。它将十户编为一甲，选一甲首负责管理日常事务；将一百五十户编为一里，平时由里长管辖。张昺所在的胡儿岭，当时为党庄里，他的户籍在那里，学籍在水南寺学第。他的老师看得远：接受了当地编制的学籍。如此之举，一是朝廷对教化的重视；二是说明国家已经全面纳入了正规，要恢复科举制度了。

正如老师所料：洪武十五年（1382 年），洪武帝朱元璋诏令全国正式恢复科举取士制度。是年，24 岁的张昺已是满腹经纶、学富五车。又赶上了这种天赐良机，他就成了大明朝首批通过正式科举考试步入仕途者，成了治国之臣。

洪武伯乐识鲲鹏

殿试几日之后皇榜下达，张昺果然得中。主考官特意约见了他，并告诉他得中的原因：“大明初定天下，边关时有硝烟，各方征杀不时爆发，正是朝廷彻底平定天下的用人之际！似您笔下之‘马’字，四点儿如同刚劲之四蹄，驷马奔腾驰骋疆场——胸有大志者非您莫属！日后定能勇毅忠贞，报效国家！是位平定天下之难得帅才呀！”

当张昺问到同来的三位学友未被录取原因时，主考官面带不悦，动容说道：“仅从他们把‘马’字四点儿连成一横写来看，即可揣度其为软弱无力、胸无大志之人！似这种萎靡不振的卧槽之马，懒洋洋地不思进取，不予录用无可惋惜！”

张昺是在明初新老朝臣青黄不接之际脱颖而出的。他在廷试之前就已为官多年。所谓廷试，其实就是殿试，是朝廷亲自选拔。洪武十八年（1385 年）的殿试，张昺因学识出众和器宇轩昂而进士及第。

殿试在一个春和景明的早晨，张昺与及第者首次步入朝堂参加殿试，见到了大明天子。

礼部官员训示之后，洪武皇帝登殿。刚在龙椅落座，一眼就瞄上了张昺。仔细端详，但见他：面色红润如关圣，四方脸庞气质正，浓眉大眼目光炯，身材魁梧显实功，中等个头力无穷……洪武帝目不转睛地凝视着他，上殿后一言未发，渐渐地面现悦色。好长时间过去了，金殿之上人们的目光，全都投注到了张昺身上。

之后，洪武帝笑着问及张昺籍贯。当得知是山西人氏之后，笑着说：“我说呢，怎么看都与众不同，原来是山西人啊！山西人好啊：一般都忠厚实在，言行一致，不耍心眼，不盘算小九九。难得，难得啊，我欲委以重任！卿家意下如何？”

由于参加殿试者离龙位较远，所以张昺大声答道：“臣应报效朝廷，任凭差遣！”

洪武帝笑道：“好啊！声如洪钟，气贯长虹——想来定是治国之栋梁！哈哈哈哈！”

下殿之后，有人私下里议论：皇上本来就乐意用北方朝臣，这个张昺，看来皇上很是看重，将来必得重用！

果不出众人所料：几日后圣旨下达：张昺任正三品的工部侍郎。

张昺的得以重任，除了个人年轻有为之外，还有着社会的原因。明代洪武年间，加强了封建中央集权统治，朝廷对官制有很大的改革：废除了秦汉以来的丞相制。改丞相为内阁，具体负责拟写诏告，查看奏章及朝廷咨询等项事宜。在核定的官职中，共九级十八品。特别提升了六部官品的地位。每部只设尚书一人，为正二品，直接对朝廷负责，理事。也就是说：六部直接向皇上奏事、领旨。从此，张昺与洪武帝的殿见多了起来。通过长期的密切接触，洪武帝更加赏识与重用张昺。

大明建国伊始，一些公侯将相权势过大，一些新的权贵行为不法。尤其是那些与朱元璋共同出生入死，提着脑袋打天下的战友及其旧将的背叛，使得朱元璋猜忌他们会谋夺皇位。所以，他在登基不久，就借机大杀诸如胡惟庸、宋濂、徐达、蓝玉、李善长、傅友德、冯胜等。

胡惟庸早年随朱元璋起兵，颇受宠信，后封为丞相。随着权势的不断增大，日益骄横跋扈，擅自决定官员人等的生杀升降。他还千方百计地拉拢因犯法、受到谴责的吉安侯陆仲亨、平凉侯费聚，让他们在外收集军马，以图谋反。1380年正月，涂节和中书省吏上书告胡惟庸谋反。朱元璋遂以“枉法诬贤”“蠹害政治”等罪名，将胡惟庸和涂节、陈宁等处死。为肃清“逆党”，株连杀戮者达三万余人。胡惟庸案，使朱元璋对身边的功臣宿将，猜忌之心大增，血腥的屠杀触目惊心。

学士承旨知制诰宋濂（1310～1381 年）家境贫寒，但自幼好学。1360 年与刘基、章溢、叶琛同受朱元璋礼聘，尊为“五经”之师。洪武初主修《元史》，后因牵涉胡惟庸案，谪茂州，中途病死。

明朝开国元勋徐达（1332～1385 年）刚毅武勇，持重有谋，纪律严明，屡统大军，转战南北，功高不矜，被朱元璋誉为“万里长城”。但在 1385 年，徐达背上生瘤，连日不能上朝，朱元璋派太监前往赐蒸鹅。徐达明知己病不能进食而含泪吃下，几日后死去。

宣国公、左相国李善长（1314～1390 年），投奔朱元璋麾下，后被任为参谋，参预机划，主持馈饷，倍受信用。他善于调护诸将，因才用人，使之各施所长，因此居百官之首。1390 年以胡党罪而株连其妻、女、弟、侄，家族七十余口被处死。

蓝玉是开平王常遇春的内弟，初由管军镇抚积升至大都督府佥事，先后被封永昌侯，拜为大将军和凉国公。因居功自傲和锦衣卫告发他谋反而被遂族诛杀，并株连蔓延约两万人。

开国功臣傅友德因请田触怒太祖，被召还，赐死。

大将冯胜元末就与其兄国用组织武装结寨自保。后率部归附朱元璋，援安丰，决战鄱阳湖，下武昌降陈理，克平江俘张士诚，屡立战功。但因洪武二十六年(1393年)以蓝党罪被赐死。就连朱元璋自己的亲侄子朱文正、外甥李文忠，也被杀或是赐死。

大批官僚被诛杀，朝廷上下人人自危。当时的京官，每天早晨入朝前，都要与妻儿诀别，交代后事；到了晚上平安回来后，全家人才敢庆幸。连续数年的诛杀，功臣宿将余者寥寥无几。

唯独信国公汤和存活了下来。他很是机警与自律，能够急流勇退，不贪恋权势，保全了自己和家人。汤和早年与朱元璋同在郭子兴麾下效力，资格比朱元璋老。后朱元璋脱颖而出，逐渐成为首领。汤和虽“长太祖三岁，独奉约束甚谨，太祖甚悦之”。关键时刻他率先承认朱元璋的权势而不争功，以平常心对待不公待遇。打下江山后大封功臣时，朱元璋故意降汤和一等，找了个岔子只封他为侯，但其他同僚皆封为公爵。汤和不发牢骚，仍是继续兢兢业业地伺候着皇上，还及时向皇上作诚恳、深刻的自我检讨。几年后才被晋封为信国公，幸免于难。

“时势造英雄”，除了才学，张昺还赶上了这等机遇。他是在治国重臣青黄不接的时代背景下步步高升的。

真是前程难料啊！进京时四人欢天喜地；落榜后三位如同斗败的鸡。当是时，大峰头的那位同学，因想不通而气出了病！他平时学习也很好，与张昺可以说是不相上下；这次考试，他的文章也写得很好，可就是因为全篇“马”字太多，写着写着心就烦了，嫌麻烦、耽误时间，就把四点儿给连成了一笔。想不到这么一笔，竟然成了败笔，毁了自己的大好前程！他越想越是不通，竟然一病不起。尽管，张昺和另外两位同考者，都不约而同地劝他下科再考，但他的心里还是逾越不了把“马”字四点儿连笔成一横写法的这道坎儿……

阳城知县赛包公

在明代，对于知县的就任规定是异地做官。所以，张昺涉足仕途的第一驿站不在本地，而是阳城知县。他由于出身寒门，所以同情体恤百姓。一日，他在翻阅卷宗时发现拖欠赋税的案件趋于恶化，于是要详细核查。原来，连年的蝗旱灾害，致使农田几乎绝收。再加上有的家里有病人，或是遭遇火灾，还有的房屋被狂风吹塌等意外灾难，造成了家境严重贫困，维持生计都很困难，哪里还缴纳出赋税？在情况清楚之后，他重新审理后又写续案，最终根据情况，减免、延缓了特困农户的赋税。在解除上述几位羁押时，他们感激得热泪盈眶、伏地叩头，不约而同道：“多谢青天大老爷！日后小的们有了能力，定会加倍缴纳！”

又一日，突然有人鸣冤。经审问，原来是一年轻囚犯。他已经收监年余，罪名是：欲娶大嫂未遂，杀害侄男，谋夺家产。经进一步询查：这名在押囚犯姓王名二。传唤其父母上堂，进一步得知案情原委——原来，长子娶妻不久染疾命赴黄泉。从那时候起，王二便成了这家的顶梁柱。他侍奉父母甚是孝顺，还尊待、关心长嫂。爹娘说大嫂身怀有孕，他就尽量不让她干重活。还好，他的好心没有白费：半年之后，嫂子喜得一子，全家人欢喜不尽！自此，他就更是黎明即起、日落才归地劳作，为的是以慰兄长在天之灵，让全家人过上不比邻里们差的日子。这原本是件好事情，却诱发了坏的结果。久而久之，王二的忠厚、朴实、勤劳出了名，上门提亲者多得简直就要踢折他家的门槛。但是，王二皆不应允。他想的是：兄长才谢世不到三年，可爱的小侄尚且幼小。况且，家中还不算富裕。等自己再奋斗几年，家境好过了再说。不料，他的苦心却被媒婆们歪曲地理解为：想要娶嫂！媒婆们本来就嘴快舌长，致使街坊邻里都传遍了这种谣言，他们全家还浑然不知地被蒙在鼓里。接下来的是，好多媒婆不再登门。但是，那位王媒婆与他家是近亲，也专爱较真儿：很为“这样的好后生娶寡妇嫂”传言感到惋惜，准备再上门努力“游说”“挽救”。这个媒婆嗓音高，一进门就大声问道：“我来看看，是否这样的好后生，真的要娶寡妇嫂子？”王二娘闻声赶快迎上去说：“小声点儿，他婶子！这话是从何说起呀？”“我明人不做暗事——全村人都传遍了，您家人还不承认？”

真是“无巧不成书”：此刻，正好王二的大嫂从娘家返回，听到了其中的“意思”。她一脚门里、一脚门外地犹豫起来：是公婆想要撮合？还是街坊邻居的意思？我怎么就一点儿也不晓得呢？正不知如何是好，这个风火媒婆就要离开他们家，正好在门槛儿处相遇。这媒婆拉着王二的大嫂端详一番后，咂着舌夸道：“俄说呢，俺二侄子放着黄花大闺女不娶，却偏要娶嫂子——原来，大侄子媳妇儿这般地俊俏！行啊，也是好事儿！”王二娘使劲儿地揪她的衣襟，她竟然挣脱着喊道：“我是直肠子，实话实说！你揪我做甚？”

只见王二大嫂的脸青一阵黄一阵地难看。那媒婆赖在过道里还较上了劲儿呢！王二娘硬是把那媒婆给推出了大门。想不到，毫无思想准备的王二嫂子，竟被这突如其来的话语一下子给激到了那里，傻乎乎地站着一动不动。

次日清晨，一向早起的王二嫂子没有出房门，孩子“哇哇”大哭，也不听她言语。王二的娘急得连声喊叫，也无有回声。她怕出意外，喊醒了还在梦中的爷儿俩，赶快撬门、解救孙子。他们将门撬开来时，大儿媳竟没穿衣服握着拳头站在当屋……从此，大儿媳疯疯癫癫。一见到王二，就狮子似的追打，并大吼：“癞蛤蟆想吃天鹅肉！你休想！”

真是隔墙有耳，消息不翼而飞，村内外传闻沸沸扬扬！又是一个清晨，从王二家传出了哭声，听那动静像是死了人！有好事者跑去禀知乡约里保。工夫不大，邻里们就得知了真实消息：王二的嫂子、小侄儿双双被杀！这个特大噩耗，霎时间传播开来。工夫不大，王二就被捕快锁了带走。之后，每次过堂用刑，都把王二折磨得死去活来。由于实在受刑不过，他被屈打成招地画了供……这些罪名，是办案人员在王二的邻里那里听来的，毫无任何作案依据、犯罪事实。

张昃想：这个家庭已经很是不幸，几年之中连伤三人，王二父母已是风烛残年。因此，须要慎重判定此案。如果王二真的是凶手，秋后斩立决应得。假如冤枉了他，这对老夫妇也将不久于人世。人命关天，一定要慎重再审此案，也好给广大关注此案者一个明确的说法。经过一段时日的详细调查取证，案情终于有了眉目。原来，这个连伤二命的恶性案件，就发生在上着门闩的屋内。又是王二的娘把那爷儿俩从睡梦中叫醒的，撬开了门时才大惊失措！看那样子，像是疯婆娘先砍死了熟睡的儿子，又把自己的头颅劈成了两半儿！由于惨案发生在深夜，他们母子也未出声，所以全家人都不知晓。看到两具血淋淋的尸体，王二娘悲痛欲绝……经过缜密核查，案件得以侦破，王二才被无罪释放。王家三口磕响头千恩万谢，并奉送“青天大老爷，神明似包公”锦旗致谢。

经过仔细勘察，此桩冤案得以昭雪，一时间轰动了整个阳城！都夸张昺是年轻有为、断案如神的“活包公”！更有热心者聚万名众，向太原府上呈了“褒扬书”。

当时知府有意提拔他，但鉴于他上任时间不长和人还年轻，就想换个比较显眼、工作量大的地方，多磨练磨练他，视日后政绩再作计议。于是，就把他调任到了太原府眼皮底下的太原县。到任不久，发生了一件不该发生的事。太原城郊的两户人家，因宅基地纠纷，其中的一户大打出手，伤及人命。苦主多次到县衙告状，案子已经拖了很久。人们风言风语传说：那家有命案者不仅富有、舍得花钱，衙门里还有靠山。所以案子很清楚却久审不决……

一日上午，张昺提审在案人等。当询问那家富有者时，他说写有状纸，并递了上去。张昺打开一看，拍案大怒：“无耻小人，你敢贿赂本大老爷！看来，这是‘做贼心虚’啊！”

不久此案了结，伤人凶手得以惩处，百姓大快人心！太原知府看在眼里，喜在心里。想想自己年事已高，也应该尽快培养一位清正廉洁、办事干练的接班人。于是，又将张昺先调入沁州直隶州。后来，不到两个月的时间，这位老知府突然中风，不便言语。但他脑子清楚，令属下代写奏折，上奏山西行中书省转奏朝廷，恳请圣上恩准他的辞呈，任命张昺为沁州直隶州知州。

直隶知州救灾情

山西元代时为直属中书省。到了明代洪武元年(1368 年)，晋宁路改置平阳府。洪武二年(1369 年)，大同路改置大同府。潞州、泽州、沁州、辽州，分别升格为直隶州。这年设置了山西行中书省，辖太原、平阳、大同三府，以及辽州、沁州、泽州、潞州四直隶州。到了洪武九年(1376 年)，汾州也升格为汾州直隶州。是时，山西行中书省，已经下辖五个直隶州。还是这一年，山西行省又改置山西承宣布政使司。正如上述所言：张昺的家乡泽州，元时隶属于晋宁路管辖。洪武二年(1369 年)又升格为直隶州，属行省，并省倚郭晋城县入州。下辖高平、阳城、陵川、沁水四县，五个巡司：东南有柳树店巡司，南有横望岭巡司。在高平县，西南有空仓堡巡司。在阳城、陵川县，南有永和隘巡司，后废。在沁水县，西北还有东乌岭巡司。

明代的直隶州地方基层政权，以直隶属布政使司而得名，与一般的知州不同。直隶等级的州，统治人口多且事务杂繁。明代的州有两种：直隶州和散州。直隶州相当于现在的省辖市，规格与当时的知府平级，正四品。

张昺因为官清正廉明、政绩卓著，由阳城知县到太原知县，接着又荣升为沁州直隶州知州。如此的官员，已与府级等同。上任时本应坐着八抬大轿，鸣锣开道、威风凛凛。但张昺想到：自己这么年轻，到沁州上任不应当张扬。再加上他平时喜欢习练武功、骑马善射，就带着总管程亨、贴身侍卫张红，走马直奔沁州而去。他这骑马上任，还真的让他了解到了许多的实情。

当时春回大地，柳树已经抽绿，梨花也已花白。翻过一座山岗，在一洼山坳里，农人们正在忙着农活：有的吆喝着黄牛扶犁春耕，准备播种；有的正在一人用锄掘坑，另一人点种安植大秋；还有不少的农人，远看好像是在平整耕地、拾掇田边什么的。是啊，山西地处我国北方，气候比较寒凉。尤其是冬季，小麦、油菜等大都因越冬耐不住严寒，一般不宜种植。已是气候变暖，农人们要抓紧农时劳作，秋天才会有丰收的希望。看到这幅安居乐业的春耕景象图，他们三人兴冲冲地一边赶路，一边观赏美景、农事，心中舒畅极了！但是，一路走去，只见农人渐稀。下马步行查看，越往前走，耕地就越是干旱；再看那柳树的叶子，又黄又窄病病恹恹的样子。哦——明白了，是因为特别干旱的缘故。再看那地界的碑石，已经进入沁州境界。远望打谷场上，不见谷草、麦秸堆放。看到这些，张昺心里沉甸甸的：一年的春旱不会至于此。此后的一路前往，愈加不景气。途经县城之内，街上行人个个瘦弱，店铺生意冷落、萧条。目睹所见足以说明：原来，自己在晋地的西南隅阳城任职，还真未到过这东北方而来。就目前现状而言，本州境内的这些农田，看来已是连年受灾。想到此，他觉得自己责任重大：别说是为官一任，造福一方了，眼前紧要的是如何才能尽快缓解百姓们的饥荒问题。张昺神情凝重，两位随从不敢多言。没有了话语，只闻马蹄的“哒哒”之声。三人就这样心情沉闷地走着。

太阳落山时分，终于进了沁州府邸。原任的老知州已经恭候多时，欣喜地等着新任知州的到来。他早有耳闻：张昺两袖清风，办事干练，实在是出类拔萃的年轻好官。他本来准备张昺一到达就卸任的，但是，还需要先接待，然后再交接手续，卸掉这个内外交困的责任包袱，也好尽快放心地致仕还乡、颐养天年。张昺摆手作罢。之后，与程亨、张红吃起了自带的干粮。这天晚上，他们又这么凑乎了一顿。

老知州甚是纳闷，还以为新任知州听到了什么传闻，或是对他有什么成见。于是，他当晚就要交手续。张昺又摆摆手，示意作罢。老知州问及缘由，张昺才简要叙述了路上所见，并挽留老知州晚走几日，待他微服私访回来后再作定夺。老知州闻言很是感动，欣然应允。

张昺未接公务就私访，为的是能够得到最为真实、具体的第一手资料，以便尽快采取最为有效的救助措施，最大限度地减轻百姓们的灾难。更为重要的是：积极应对，组织相应的自救。

通过私访得知：沁州大部分辖县，都已两三年收成不济：不是数月连续干旱，就是夏季冰雹砸平庄稼……是年春上不但饥荒，还流行瘟疫。百姓贫病交加，生命危在旦夕！

无论到达何处，张昺总是带着总管程亨和侍卫张红，这次私访更不例外。三人一路任马驰骋。因为路生，也没有什么主要目的地——方圆转够一大圈儿就行。一日绕进一座山坳时，另一番景象呈现在眼前。但见：山坡上花红柳绿，羊叫咩咩；田野里农人扬鞭使唤牛驴，忙于整地、播种；牧童歌声嘹亮，鸡鸣犬吠不绝于耳……

“好一处‘田园风光’！看来，这尘世上还真的有如陶老先生之‘桃花源’

啊！”张谞情不自禁地赞叹。

下马细问，才知晓这里是旱涝保收的小环形山坳。再向里走，但见北面山上一条瀑布倒挂，“哗哗”倾入山下的那汪潭水之中。正是这一汪潭水，使张谞不胜感叹：“真是青山绿水、天作之合啊！如若山西境内都是这般景象，老百姓岂不全都衣食有余？”

此一番景象，使得他更加明白，沁州境地缺水严重！看来，水是老大难问题……他这么想着，心里就有了长远规划的谱。与之同时，也萌动了他蓄水、兴修水利的大胆构想。张谞这一高兴，紧揪着的心放下了许多，就想找些当地百姓聊聊。农人们都在忙着自己的活计，看上去不愿停歇。三人相对示意，便向飘着酒幌子的店家走去。本来，他们带着干粮，讨碗水喝就行，但山西人厚道，水是不收费的，因为他们需要了解情况，所以待得时间较长，如果就只是向店家讨些水喝，坐着吃自带的干粮，唯恐酒家不悦，所以他们一坐下来就买了三碗陈酒，要就着干粮吃，和酒家聊聊。

这酒家看上去50多岁，卖酒不愧为他的本行，诸如山西名酒杏花村、汾酒、北方烧，等等。如数家珍般地一一道来：具体产地、口感、渊源、故事，口若悬河如同“高山流水”，也不怕耽误了他的时间。其实，张谞对酒不感兴趣，只是出于对酒家的礼貌，亦是为拉近距离，以便尽快扯到正题上来，他面带笑意地耐心听完如此一大段讲述之后，又要了三碗当时最为便宜的“北方烧”，顺便讨了三碗水，取出食品布兜里的腌咸萝卜干儿和“黄蒸”。所谓“黄蒸”是晋地农家干活汉子们吃的一种馍馍，是用玉茭面、小米面，再掺入少量黄豆面等杂粮面混合而成的，然后，再蒸成窝窝头样子。因为色泽特黄，所以美其名曰“黄蒸”。三人一边吃着、喝着，一边和酒家攀谈起来。这位酒家知多识广、口齿伶俐，使他们获取了多方面的信息——不仅知道了想知道的内容，还晓得了许多相关的方方面面情况。

张谞心如明镜似的知晓：长远规划再好，但饥荒危在旦夕、刻不容缓！

这次全州境的私访，使得张谞对救灾方案已经胸有成竹。俗话说得好：救灾急如救火！回州之后，他先向朝廷写了奏折。为不耽搁时间，没有必要到同级的府衙去送。因此，立即八百里加急差人送往京师。

奏折内容大致如下：

山西沁州地区连年遭灾，庄稼严重歉收，百姓食不果腹。且瘟疫流行，民饥疾交加，生命危在旦夕。采取的具体措施：一是尽快打开国库，开仓放粮；二是尽快调集预防、治疗瘟疫之药材；三是立即展开自救；四是赶快采取长治久安的疾病预防措施。以上四条，意在尽快拯救百姓脱离灭顶之灾难。

至于后两条呢，是他自己的事。所以，简要上报就行，好多事情需要马上动手去做。

首先，他召集了州衙全员会议：通报最近灾情，提高大家的忧患意识；动员全员立即投入到救灾行动之中。并且，做了具体分工，划分了职责范围，也包括他自己在内。其次，倡议州衙上下缩减支出，人人减衣节食，用于救助重灾区难民。并规定：知州衙门自即刻起，紧急进入一级抗灾救难状态：节约开销，尽力投入资金，救助百姓。首先，将每日三餐缩减为两顿，并且一律素食；其次，每个人都要打消侥幸心理，理智地进入紧急状态，不等、不靠老天，以自身具体行动，立即投身到救灾济难中去……

张昺是个诚实守信、雷厉风行的高尚君子，说过的话一言九鼎。公务中，他总是率先垂范、从自我做起：他不是减少一餐的问题，而是要捐出月俸的一半。紧接着，在州衙门旁搭起粥棚，按顿为百姓施舍粥饭。并且，救治贫病双管齐下。组织郎中挨家挨户免费医治病人。特别强调：知州上下人等，立即下至各自的责任区域。进一步深入实际调查后，尽快拿出因地制宜的具体救灾方案，第一时间上报州衙。经州衙批复后，立即采取最为有效的措施，以最短的时间，救百姓于饥疾危难之中。还特别强调监督机制：要进行阶段性检查、评比，树立典型，奖优罚劣，确保工作实效。

就在州衙全员的这次见面会上，上下人等都打心里敬佩这位新任知州：他说得有理有据，日后的公干可不敢怠慢！于是，一场卓有成效的抗旱救灾运动开始了。等到朝廷批文下来时，沁州境内的灾情已经得到了有效的控制。

但是，连年受灾，百姓们大都身体虚弱、少气无力；再说，连年下种不见收成，已经失去了种庄稼的信心。尽管，到各地包干儿的责任人讲得很是明确：及早整地备播，免得到时候措手不及，但农人们还是懒洋洋地不愿下田。只讲道理是不够的，还得采取有关措施：除了老人、儿童、身染重病者不具有劳动能力的人群之外，其他人不下田干活的，一律不予施舍粥饭。这个方法还真是灵验，一时间农夫归诸田亩，久违了的整地备播劳动场面得以再现。鉴于荒旱连年、种子短缺现状，各个辖县在赈灾粮中挤出一小部分种粮，随时准备播种。但是有个条件：没有整好地者不予发放。此举更是刺激了农人们整地备播的积极性。一时间，死气沉沉的灾年景象，焕然变成了辛勤劳作的春耕画面！

张昺这位知州，能够站在长治久安的角度看问题。他觉得：山西缺水由来已久，最根本的问题是惜水、储水。看农人们田里的活计干得差不多时，又号召全民修建梯田，增加耕地的蓄水、耐旱性；然后，又趁沟壑兴修蓄水堤坝。要把有限的雨水，变为可以储备待用的堰塞湖泊。这件破天荒的事情可真新鲜极了！饥饿的百姓们哪里愿意接受？针对实际，制定了具体的实施细则。在耐心细致地做思想工作之后，这项工作终于落到了实处。

真是天道酬勤，这话说得一点不假。也是张昺时来运转：老天如若不将其从困境中解脱出来，都会觉得颜面无光！大约过了月余，天色渐渐阴暗下来，久违的甘霖终于沐浴了山西全境。百姓们觉得有了播种的希望，无不感激知州大老爷的远见卓识、爱民至亲。况且，已经修筑，或是正在建筑中的大、小拦河蓄水堤坝，正好派上了用场。从此，缺少饮用水的村庄，再也不用到远处挑水吃了，多年的缺水症结基本得以解决。俗话说：农人们是最讲求实际的。百姓们看在眼里：四品州台的这位大老爷，经常风尘仆仆地骑着马巡查蓄水工程进展情况，及时解决棘手问题，并且到了工地之上，捋胳膊挽袖子地身先士卒。一边干活，一边还关切地问及有关蓄水工程事宜、亟待解决的问题等。封建社会里的好官标准是“爱民如子”，地方官称百姓为“子民”。而张昺呢，却视百姓为“衣食父母”。这个天大的差别，百姓初闻时受宠若惊。时间长了，民众就觉得这位知州是个难得的好官。百姓心里的感激之情，升华成了抗旱救灾的干劲与信心！大家决心不辜负大老爷的殷切希望，干好活计，齐心协力度过灾荒！

也许是沁州官民的奋力抗灾之举，感动了上苍吧？那年暮春时节，兴修水利工程如期悉数竣工，就等着老天爷大发慈悲！夏秋之际，雨水逐渐多了起来。不仅缓解了农田旱情，使得秋庄稼也能够适时生长，就连刚刚修好的蓄水堤坝，也注足了人们从未目睹过的湖水！喜获秋粮丰收的百姓们，无不夸赞知州大老爷的料事如神、勤政爱民！感激之余，联名写了万人状上呈，歌颂这位旷世难遇的、最好的父母官！

据说：山西大兴梯田、兴修蓄水工程，就是从明朝知州张昺时开始的。他倡导的这项工程正如百姓夸赞：惠及当代，功在千秋！

山西承宣布政使司在上呈朝廷山西抗灾救难情况的奏折中，破例地将这份褒扬张昺的万民联名状附入。并且，还简略介绍了其在阳城知县任上的政绩——特别是清正廉洁！也就是这么一次，张昺在洪武大帝的心目之中，有了一定的分量！

太原知府政清明

张昺为官，正如早年的那位考官所言——他预见张昺日后定能勤政爱民、克己奉公；定会政绩卓著、官声极佳；是位难得的文武全才国家栋梁！看来，他还真的是匠眼识材、料事如神！

张昺在沁州直隶州任职不到两年，事业刚刚有了好的开端，就被调到太原知府任上。

当时，太原为承宣布政使司治所，原任太原知府清廉有为，但年事已高，多次上奏朝廷致仕还乡之事。为了太原府辖区的前景与发展，他瞄上了理想中的接班人，并上奏了朝廷。

对于这些，张昺并不知晓。他整日忙于公务，不可能，也不会顾及仕途如何。直至圣旨下达，他还在沁州直隶州任上忙活着。百姓们闻知他要调走，围在州衙门前挽留。挽留无果之后，一直送至沁州城外。由此可见：这位年轻州官，在辖区百姓心目中的威望！

按理说：明初终结了丞相制，明显提高了文官的地位。张昺当时任职的直隶知州，职位与府职平级。但在职权范围上，知府却大得多了。说是平级调动，其实是重用。他在太原知府任上，明察秋毫、断案如神的美丽传说，一直流传至今。

张昺在太原知府任上不到一年的光景，百姓就为其送上了一面锦旗，上书“明镜高悬 包孝肃”。

世称“包公”“包青天”的包拯，是我国历史名臣，是明察秋毫、清正廉洁的杰出代表。他于公元 999 年出生在合肥肥东，1062 年去世于河南开封。逝世后赐谥号“孝肃”。所谓谥号，是古代帝王、诸侯、公卿大夫、高官大臣逝后，朝廷根据其之生平行为，给予的一种称号，以褒扬其厚德善行。因此，后人便称包拯为“孝肃公”。这“孝肃”二字，高度概况了包公的一生：“孝”寓意包公效忠朝廷、孝顺嫂娘；“肃”概括其一生严以律己，为官清正廉洁；办事果敢公正，明察秋毫。包公是每个朝代忠臣的楷模。那么，百姓们将张昺与包公相提并论，美誉为“包孝肃”，可见其在民众心目中的影响与信誉度！事情缘由如下：

张昺刚到太原府上任不久，一桩命案卷宗呈了上来。打开卷宗来看，似乎是一桩铁定的命案，只待犯妇分娩满月后问斩即可。他想：人命关天，不可草率。必须详细勘察取证，方可再做结论。经过一段时日的深入了解、调查、取证之后，案由已经清晰。卷宗结论是：犯妇钱耿氏，装疯杀死其公爹。她的公爹姓钱名怀义，人称“慈善员外”。公爹家境富裕，平日里慷慨大方，热心公益事业，在乡里做了建桥、助困、办学、修路等许多善事，是位德高望重的好乡绅。他与钱耿氏的父亲耿忠诚，早年盟接为金兰之好，是一对互相帮衬的铁哥儿俩。因钱怀义长耿忠诚两岁，所以钱为兄、耿为弟。后来，他们内人皆都有喜，便有盟约在先：如生得同，便结为兄弟或是姐妹；如若生异，便喜结秦晋之好。夫人们孕满落草，钱家先生一男（取名健生），耿家继而生女（取名如花），于是，便成了人们常说的“指腹为婚”亲家。

光阴荏苒，不觉两个孩子都已长大成人。老哥儿俩商议之后，便把早年指腹为婚的盟约告知自家孩子。在那个年代，讲求的是父母之命、媒妁之言，两位年轻人怎敢不从？况且，两家交往颇多，见了面哥呀妹的叫着，彼此之间比较熟识。从两个人的自然条件来看，都还不错，可以说是郎才女貌、门当户对。所以，两个年轻人分别点头应允。男家择好良辰吉日，不久完婚。嫁过去之后，如花才发现原来面目白皙清秀的钱哥健生，竟然是位痨病患者。这位看上去文弱持重的丈夫，整天少气无力，连说话的底气都不足。但是，他却很是喜欢她，总是提足了精神，缠绵于男女私情。在之后的新婚蜜月里，健生日渐消瘦，咳得厉害。两人新婚满月之后，按照当地风俗，如花要回娘家小住几日。谁知，这次“回门”，竟成了这对新婚夫妇的最后诀别。等到如花从娘家返回时，健生已经命悬一线。处于弥留之际的他，实在无力睁开眼睛，再看一看爱妻。就这样，如花脱去了鲜艳的婚装，换成了洁白的孝服。

等到办完了丧事，如花回到了娘家。耿氏夫妇心疼女儿可怜，也不催她回返婆家。钱家多次到耿家去接，如花都是泪水洗面。直到健生“尽七”头两天，钱员外说啥也要把儿媳接回家去，说是要为独苗儿子作个“道场”，超度他的灵魂安心到极乐世界。说是“尽七”，其实是为死人计时的一种说法：“一七”是七天；“尽七”就是“七七”四十九天。看着老来丧子的女儿公爹苦苦哀求，如花的父母也是老泪纵横，只好横下心来，“三从四德”地婉言相劝。百般无奈之下，如花只好坐上了婆家的乌篷车。也就是这么一去，如花竟没能再回自己的娘家。

做完了“道场”，如花还要回娘家去。钱员外已经有了自己的打算。也就是一念之差吧，使他堕落为兽父。不仅结果了自己的性命，也玷污了儿媳的清白。

他是这样想的：不孝有三，无后为大。两个女儿都已出阁，又不可能留在家中一个。自己已经年逾半百，夫人早已没了生育能力。再娶一房小妾生子，唯恐遭人非议，也怕伤了贤淑善良内人的心。但自己辛勤经营了大半辈子，竟然无后人继承香火，等于一辈子的行善没能积成厚德！干脆，趁着自己身体还行，何不将如花占为己有？儿子离去还不到两个月，如若能够马上有孕，就说是儿子的“遗腹子”，分娩晚了是因孕妇悲痛过度伤了胎气，岂不可以瞒天过海？他将主意盘算已定，于是便急着接儿媳回家，好按他的计划行事。

就在钱家做完道场的当天晚上，钱员外宴请全家上下人等，说是感谢大家精诚团结，帮他家度过了这段最为昏暗的日子；大家要一醉方休，为的是尽快淡忘这件丧事的天大打击！见到老爷如此大度，全家上下都很感激。倒是如花，想到自己不能与丈夫郎君相对同饮而伤心落泪！全家人好一顿劝说，她才止住了啼哭。钱员外走到儿媳面前，就要代儿子的匆匆撒手人寰赔罪下跪！如花惊吓得急忙离座，双手将公爹搀起。这一幕，钱家上下看在眼里，都为这位凄惨的钱员外老爷悲哀！之后的短暂沉寂，更让人悲痛不已……

这顿晚宴甚是丰盛：鸡鸭鱼肉不在话下，海参、鱼翅、虾仁、猴头端了上来。大家吃得迷糊：这么隆重，所为何事？看着全家上下迷茫的眼光，钱员外苦笑着解释：“没有了儿子，这日子还得过下去不是？”说完，他先开怀畅饮了第一杯酒，并说：“大家前些时日都跟着我伤心，多日没能吃上顿舒心饭菜！今日如若谁领我的情，就给我喝出个样子来看看！”

经钱员外这么一怂恿，未过多少时刻，全家上下包括钱老夫人和新孀如花就都已喝得东倒西歪。看到时机成熟，钱员外试探着说道：“老、少夫人都喝醉了，下人们快把她们送回房去！”

哪曾想，丫鬟、婆子们从无享受过这种待遇，看到满桌的酒、肉岂肯放过？同时，也为了表示自己对主人的忠心，于是就放开了胆子尽情饮酒。等到老爷发话时，都已经是不由自主地口头应承，其实连站立都是难以平衡。智力上，也进入了懵懂状态。因此没有一个人“服从吩咐”。尽管，大家都喝到了这个份上，但是，钱员外还是继续说下去：“大家听着：虽说少爷已经‘早去’，我钱家遭此大劫，但也是上苍的安排、没法子的事！从今儿起，我就把家里内财的机密钥匙，全都交给少奶奶管理，更不要说家里的大小事务！都要听从少奶奶的，就是尊敬我老朽了！知道不？”

全家人等含混地应承：“好！”

他接着说：“大家也都清楚：少奶奶既是我的儿媳妇，还是我的好侄女！日后如有一男半女，也是命不该绝我钱家！来，为我们的小少爷干杯！”

又是一阵开心的推杯敬酒之后，不少人都已经趴到了酒桌之上。钱员外没有醉，他留着量呢！看到昏昏欲睡的人们，他想到还有最为重要的事要办：对，先把夫人送回房去；又用围巾掩着如花的半个脸面，几乎是拖着“搀”回了房去。就是那夜，他与睡梦中的如花，留下了钱家的血脉。

对于此事，如花却浑然不知，还是要回娘家去。钱员外不让，他要留下她，等着看个究竟。果不出所料：不到一个月的光景，如花就呕吐了起来。老妇人以为是生了病，要请郎中诊治。只有钱员外心中有数，多次婉言阻止。如花心里明白：自己不可能的，丈夫在世时没有，以后就更不可能会有！于是，她坚持要请郎中把脉诊治。那天，钱员外不在家，老妇人为儿媳请来了郎中。仔细把脉之后，郎中拱手向老夫人道喜。真是喜从天降，老夫人欣喜若狂！但是，如花却如临大敌：是谁的呢？丈夫没有弟兄，两位老实巴交的家员都已六七十岁。除此之外，钱家别无男丁……她多日费神，实在是百思不得其解。是公爹一句轻描淡写的“招供”，使她明白了事实的真相。

在之后的一顿早餐桌上，如花突然呕吐，老夫人忙得不亦乐乎地嘟囔着安慰：“这个小家伙还真是的！乖，你就再苦熬一个多月，等过了五个多月，他就不怎么闹腾了！”

钱员外也可能是太兴奋了吧？闻言随口答道：“嗯，有可能还得三个多月，忍忍吧，没办法呀！”

这正是：说者无意，听者有心。如花心里“咯噔”一下猛惊：“竟然是他？他怎么会知道还得三个多月？”

在之后的数日里，如花整日里思考着这个问题：郎中只是恭喜，并未说出确切日子；婆母娘是按照儿子在世时的日子估计的。可是，那时候自己没有。然而，公爹怎么会即口说出估计的时间呢？他一个大老爷们，怎么会晓得儿媳妇身子的“情况”？有了这样的想法，她就想方设法地试探。

如花从小就像尊敬父亲那样地尊敬着如今的公爹。因为感到特亲，所以与之说起话来随便。但是，自从变成了公爹之后，说话反倒不自在了。但为了搞明白事实真相，她也顾不得许多了。

过了一段时日，适逢邻村奶奶庙开光，婆母要带如花去，许个“母子平安”的大愿。如花因为身心疲惫，托婆母代为祈福，不愿前往。

钱员外只让老家院赶着马车，载着夫人前往，自己留在了家中。如花站在门楼之下，目送婆母至街道远处，就转身回到院中。当时，钱员外眼神怪怪地站着，欲启齿又止。如花随口问道："爸呀，您想说甚？"

钱员外适才缓过神来，慌乱地答道："没，没，没想说什么。你呢？"

"我就是纳了闷儿了，你怎么会知道我身子的时间？"

"孩子，别想那么多，肯定是咱家的种。想得多了，对孩子、大人都不好！"

"你怎么会知道是咱家的种？"

钱员外自觉失口，慌乱地答道："肯定是！你想让我怎么说？"

想不到，这句问话还真的把如花给问住了，她转身回房而去。这次简短的对话，埋下了祸根。等到婆母午时许愿回家，如花已是精神恍惚，时哭时笑。婆母大惊：家中发生了甚事？怎会这样？婆母查问了一圈儿，人人不得而知。看到如花神经失常，钱员外心里明白了几分， 他开始反思自己：为了给钱家留下香火，自己竟是如此地卑鄙下流，太可耻了！为了接续香火，就不择手段，出卖肉体，玷污儿媳！自己怎么就不认识自己了呢？他心中整日价七上八下地翻腾着，越想越是后悔，越想越是感到无地自容。怎奈，这种局面无法挽回。想得十分矛盾时，他恨不得马上去死！他想：最解恨的死法是：让往日如同亲生女儿似的如今儿媳妇，亲手把自己杀掉！有了这个思想苗头，他心里反而坦然多了。在之后的日子里，他苦苦地寻找着这样的时机，就想立刻受死。

又有一日，夫人告诉他：如花已经两天不吃、不喝、不说话了。这样下去，孩子、大人怎么吃得消？钱员外问及事情的起因时，他的夫人面部表情尴尬起来。细细追问，才得知如花说：不杀死他，自己就绝食，直到饿死——连同肚子里的孩子。钱员外察看夫人的面部表情，并无异常、责怪之意。当时他想：好办多了，这个屋里的历来尊敬、相信自己的人品，不会想到他是她孙子的父亲。如果后院不再起火，家里的乱子还会少些。倘若如花真是要杀掉他才肯进食，特别是不饿死钱家的血脉，那么，他纵然是死了，也是很值得的。于是，他怀内揣了一把匕首，让丫鬟通禀之后，去了如花的房间。几日不见，如花已经自残得判若两人。看到衣衫不整、面黄憔悴的孩子母亲，他忍不住老泪纵横。少顷，他从怀中掏出匕首，放在里屋桌上。轻声叫道：

"乖，您如果是为了要爸我这条老命，那您就动手吧！反正，看到您如此这般地终日痛苦，我的心就要碎了！动手吧乖，我认命！"

如花闻言抬起头来，似乎霎时间突然清醒了过来，明白了什么。她看看他，又看看桌子上的匕首。迟疑了片刻之后，突然失声痛哭。钱员外只是一时的糊涂乱伦，其实心地还是善良的。看到由于自己的一时过失，对自己十分怜爱、亲眼看着长大成人的如花伤害得如此之深，想想自己检点了大半辈子，竟然没能够把持住晚节，便痛心疾首地拿起匕首，交到了如花的手里，伸长了脖子露出喉结，以求速死。谁知，如花看到自己恨之入骨的人站在面前，手中还有利刃，就不假思索地举起了匕首，疯狂地向他的喉咙刺去。仅只是眨眼的工夫，刃入血出，喷注得如花满脸都是。继而，又顺着她的面颊而下，滴落得她的衣裤和满地都是。她经这一惊吓的强烈刺激，使得刹那间清晰地意识到：杀人了！她清醒了，不能容忍自己的残忍！于是，自己到衙门前击鼓，投案自首。收监之后，如花对自己的故意杀人罪供认不讳，并已签字画押。按照大明律法：犯妇孕期暂且不斩。所以，她才又多活了这么几个月的光景。

案情已经真相大白：犯妇行凶时无独立意识，处于精神病患者的懵懂状态。后来的清醒，是因强烈刺激所致。案件几个关键疑点得以告破：一是钱守义处心积虑地暗设陷阱，在儿媳醉酒后的无意识中乱伦在先、禽兽不如；二是犯妇因心灵重创而精神失常，是因为公爹对其严重伤害所致。所以，钱怀义交给儿媳凶器，想要自身毙命是罪有应得；三是鉴于钱家一脉单传又断，如花还是有孕之身。按照常理，未出世的生命是不具有过错的，他是无辜的——不管他是谁的后代，都不应该扼杀，反而应该保护。既然钱守义已死，也就不再追究其罪恶。并且，鉴于其一贯善举，不再公布其兽行……案情已经真相大白，府衙对犯妇采取了严密、周全的保护措施，一直到其分娩。

如花虽经强烈刺激神经恢复了正常，但心里的羞辱感整日里折磨着她。想想死了丈夫的自己，本来就痛不欲生地可怜。然而，公爹诱骗自己受辱怀胎，心里那个恨呀，没地儿倾诉和发泄，就拿胎儿出气，发誓要折腾掉他！于是，先是绝食，要和他同归于尽！但是，在她饿昏之后，女狱卒又耐心地灌汤喂水，使得她又清醒了过来。于是，她恨之入骨。仇恨提足了精神，不是蹦跳、撞墙，就是扭打腹部……其实，如花哪里知晓：这是府衙多次通过基层渠道，做了其婆母思想工作的结果所致。对于这些，已经是只有如花一人不知的秘密。这些具体细致的入户打动农家老妪的思想工作，是府衙多次委托乡约里保进行的。如花虽在无独立意识的情况下，由公爹交给凶器，实施了犯罪，但毕竟她是心善之人，府衙正是利用了她的这一本性，引导了她的心理思路：没有了丈夫，也没有她的血脉，如若自己死了，谁去给他烧钱落纸？丈夫待自己不错，就留下这个不明真相的孩子，为他接续香火吧！乡约里保根据府衙的指示，经过多次探监，打动了如花的心。她愿意生下这个乱伦的孽种。在多次探监的思想工作中，乡约里保很是感动。其时，钱怀义遗孀悲喜交加地料理了因产后大出血命赴阴曹的儿媳丧事之后，千恩万谢了乡约里保，更是感激府台大老爷的菩萨心肠，使她家保住了唯一的血脉！

况且，孩子由于孕期母亲极度悲愤与营养不良，早产了两个月，这就使得钱家老夫人相信：这个孩子是儿子的，是她的孙子。自己的男人一向品行端正，怎么会干出禽兽不如之事？再说了，如花也说不出公公强暴她的事实来。可能，是儿子的突夭把她给气迷糊了。种种心理支配着这位老夫人：一定要保住这个孩子，要将他抚养成人，娶妻生子，传续钱家香火！经过数月的艰难苦捱，愿望总算成真！她感谢上苍，感恩不尽知府大老爷！但是，她的这种强烈感激心情，只能通过“暗箱操作”兑现。不管怎么说，因为时间还短，人们的记忆仍未淡忘。迫于社会舆论与自家颜面，她不能够公开感谢。乡约里保们为她的苦难处境所感动，于是，就出面联络当地百姓，为府衙送去了前面所说的感谢锦旗。

尽管，这些民间隐私没有公布，但因案情影响很大，张昺断案如神、慈若菩萨的消息，一时间传播开来。这位明察秋毫的当世“包青天”，便成了百姓们街谈巷议的热门话题。

说到张昺的至孝，更是被传为佳话。

张昺自幼丧父，是孀居的母亲张氏含辛茹苦把他抚养成人。对此，他很是感恩与孝顺。他对母亲的至孝，是早在家乡时就有口皆碑的。

但是，自从入仕之后，陪伴母亲左右的日子少多了。特别是他刚刚上任，一心扑在公务上，使得回家侍奉母亲的时日越来越少。为此，他很是内疚。特别是任太原知府以来，公事实在繁忙，简直无暇顾及。其母张氏呢，年轻守寡，苦熬换来了这么一个出人头地的好儿子，想想也就心满意足了。她觉得自己很值：儿子于国于家都是好样的！但是，儿子在任上忙得很，回来一趟很不容易。实在忍不住时，她就到府衙去看他。府衙上下对府台老爷孝敬高堂的知晓，是在其母到衙门后耳濡目染的第一手资料。

早晨，母亲还未起床，他就将荷包蛋端到了床前。只要是白天在衙，母亲的膳食一应照应。即使是忙完公务的晚上，也要亲手为母亲铺床、叠被、洗脚、端送便盆儿。照料母亲躺下后，还要再问寒问暖地谈心……他的孝母事迹，真是三天三夜也无法说完！

因此，百姓尊其为“包孝肃”，是再也恰当不过的了。

中央六部五职行

前面说过：洪武十八年（1385 年），明朝重开会试、殿试，为张昺步入朝堂搬来了晋级阶梯。金殿之上，张昺不仅文采出众，而且器宇轩昂、风流倜傥。洪武帝当殿垂询后笑了：这位文武兼备、仪表堂堂、看上去忠厚老实的北方年轻官员，不正是自己求贤若渴的理想人选吗？好吧，先将他调上来历练历练，日后也好委以重任。

于是，张昺当殿就被钦点：直接调入工部，先委以右侍郎之职。就这样，一个出生在山高路远、穷乡僻壤的晋地官员，一跃腾入大明朝京都的中枢机构，中央仕途的首站就是工部右侍郎，正三品。

张昺被调入工部，有着两层原因：一是其任职山西期间的兴修水利、拦沟山涧蓄水的政绩不错，山西行省早有禀奏，洪武帝知晓；二是头年（洪武十七年，1384 年）黄河多处溃堤泛滥：在开封东月堤决口，从陈桥到陈留，横冲直撞达漳河数千里；接着，又决杞县，入巴河。漳河决临漳，经真定、河间，一路直冲天津入海。洪兽嚣张肆虐，危及百姓、社稷。洪武帝认为张昺肯吃苦，富有创新精神，相信他能够胜任。

张昺在工部右侍郎任上政绩卓著，多次被钦命出任巡视大员时是序正二品，复命时自动取消。他在工部的作为，为大明天子朱元璋的五大功绩，立下了汗马功劳。

朱家雄先生在“大旗网　人生百味”《朱元璋的五大历史功绩无人能比》文中，是这样评价朱元璋的五大功绩的。

一、经过多年艰苦卓绝的征战，削平群雄，结束了蒙元统治，统一了全国，建立了崭新而又强大的国家，恢复了汉民族在传统中国疆域内丧失已久的政权。

对于这一功绩，张昺因年幼无沾。但是，步入仕途的他清正廉洁、年富力强、政绩卓著，有力地提升着明朝廷在民众心目中的地位。

二、恢复乃至极大地增强了汉族（也包括同被压迫的、同为炎黄子孙的多个其他民族）的民族地位和民族自信心，修复并光大了已经大伤元气的中华优秀传统文化。

这个功绩是在明初首位皇帝时就涉足仕途的张昺，不遗余力地做出了不懈怠努力，以至于献出了宝贵的生命。

三、以强力手段进行了政治制度的改进与创新。这种改进一方面固然是为了进一步加强皇权和稳定政治权力格局，但客观上也在一定乃至相当程度上完善了封建制度，促进了政治制度的进步，为现代性的飞跃，打下了坚实的基础。

对于这一功绩，张昺是朝廷的试验品和从动力：恢复科举制度，使其得以金榜题名，报效朝廷；胡惟庸案后取消了丞相制，提高了文官的地位，张昺是受益者。他之所以能够成为朱元璋的肱股之臣、国家栋梁，都是得益于朝廷政治体制的改革。翻转过来，他又殚精竭虑地报效朝廷。所谓“时势造英雄”：作为国之栋梁的他，赶上了明朝建立伊始百废待兴，国家亟需人才的大好机遇。

四、借鉴汉初经验，在明朝建立后实行轻税薄赋、休养生息的政策，为天下百姓的利益精心谋划与勤奋工作，使生活在明初的平民百姓，经历了生灵涂炭战火之后，过上了幸福安康的好日子。

张昺在此历史阶段的一切尽职尽责，无不浸透着时代的印迹。

五、大力整治官场，打击和处死了一大批贪官污吏，其反腐反贪的坚强决心和铁血手段既矫正、震慑了洪武一朝和有明一代，也为后世书写出了官员的为官准则。

张昺抱负远大，誓为朝廷出力效劳。他一心为百姓办事，很受圣上器重。因此，在打击贪官污吏的同时，也展现出了他的高风亮节。他官运亨通、仕途顺达，是社会政治大气候的硕果。

张昺，这个出生在封建社会里中国北方的朴实汉子，与大明天子朱元璋有着相似的苦难童年。因此，他忠诚、勤恳、廉洁，唯皇命是听。伴随着“朱元璋的五大历史功绩”，他在地方与中央任职的 17 年中一路走来，在而立之年升任京官。他曾先后在多个中央机构任职，因政绩卓著而深受洪武帝倚重。又因其多才多能和博古通今，每到新的职位，都能够尽快适应，很快进入公务状态。朝廷哪里吃紧，就让他到哪里去——中央的六部中，他就任职了五部。

明朝在中央设置吏、户、礼、工、刑、兵六部。与前代相比，明朝最初在每部增设尚书侍郎各一。胡惟庸案之后取消中书省，六部因此地位得到提高。每部只设一位尚书，两位侍郎。各部尚书和侍郎的官阶也随之上升。其中，以吏部（主管文官升迁）最为重要，户部人员最多。礼部（主管祭祀大典）与工部（主管公共建设），地位相对较低。

上述的六部，也是明代的中央行政机构，是直接对皇帝负责的部门。按常理，地方官调任京官，是要降品级的。也就是说，当时中央机构的六部，张昺就干了五部！无论在哪个职位上，他都是尽快地适应，干出了成效。照常理而言，同级的京官要比地方官大。由此可知，他从太原知府的四品任上一路进京，调任到直属中央机构是在升职。他的京官第一驿站是工部右侍郎。

工部侍郎好勤政

明代的工部，是管理全国工程事务的机关，职掌着土木兴建之制，器物利用之式，渠堰疏降之法（含垦荒种地），陵寝供仪之典。凡是全国土木、水利、建设工程，以及机器制造工程(包括军器、军火、军用器物等)、矿冶、纺织工业无不综理。并且，主管着部分金融货币和统一度量衡等项事务。

明初社会里，百姓们有着一种严重的惰性：认为生命有了保障，其他的事情慢慢来。其实，百姓能够存活于世，只是千疮百孔社会接下的厚疤。人们还没能完全从元未社会极度黑暗，长期饱受兵燹之苦，性命朝不保夕，不堪忍受暴政和横征暴敛的逆反心理，以及缺衣少食、居无定所的阴影中摆脱出来，懒散得一时提不起精神来。国民似乎对生产的严重破坏及随处可见的久年失耕荒芜土地兴趣不大，抱着得过且过思想，认为能够活下来就是万幸。多数国民满足于相对安定的社会，甚至麻痹得淡忘了外患的侵扰。针对这种萎靡不振的国民心理，朝廷加大了医治百姓心灵社会问题的力度，采取了强刺激复苏经济的得力措施。一段时日之后，百姓的意识已被唤醒，呈现出只争朝夕的良好局面。如此巨大的社会洪流，使得处于经济建设前沿的工部事务特别繁忙。

据《明史·列传·张昺》与《大旗网》介绍：长期战乱后的明初，鉴于人口剧减的社会现实，朱元璋实行了移民屯田政策，从人口聚集地区迁移部分居民到人口稀少处。为保障移民尽快投入生产，国家还免费发放耕牛和种子；为解决流民无地的难题，又鼓励百姓开拓荒地、增加耕种面积。规定凡开垦的荒地，其田均永远为开拓者自有，且三年免税；还鼓励百姓种植经济作物：规定凡种桑棉麻者，第四年起开始征税。诸如此类，通过一系列的抚农护农政策，老百姓的生产积极性被极大地调动了起来。

第一，完善了工匠制度。洪武十九年（1386 年），“令凡划入匠籍之工匠轮班入京师服役，每两年一次，一次为三个月”。

如此这样，就缩短了原来进京工匠的役期，减轻了他们的负担，调动了他们进京服役的积极性。

明初的工部职能，相当于如今的建设部、农业部、水利部等。并且，不少的政务还要和户部联合、协调进行。鉴于任务巨大、专业人才不足的现象，张昺想起了自己在太原府任上时的建议：提前起用国子生。他的这一奏报，可解了朝廷的用人之急！朝廷随即批复，立即付诸实践。

第二，洪武二十年（1387 年），张昺指导国子生分赴全国各地，随粮定区。每区设粮长 4 人，并编制鱼鳞图册（田块图，状如鱼鳞），与黄册并行。截止洪武二十四年（1391 年），全国郡县赋役黄册成就：计户 10684435，丁 56774561。

随粮定区工作前后进行了 6 年。到了洪武二十六年（1393 年）核定结束时，共核定全国田土计 857632 顷。

这项工作本来不归张昺所管。但是，起用国子生的建议是他提的，为方便国子生开展工作，洪武帝特意恩准张昺暂时主管这项工作。国子生按所学专业起用，既理论联系了实际，又能学有所用、实践中学习。他们用己所学为国家效力，既学用相长，也减轻了家庭供养他们的经济负担，一举多得！

第三，洪武二十一年（1388 年）部署屯田。首先是核定全国卫所屯田。仅此一项，每年就得粮 500 余万石，极大地充盈了国库！

第四，治陂修渠、大兴水利，是张昺的一大功绩。

就在张昺指导国子生普查全国郡县黄册大功告成的洪武二十四年（1391 年），水患如前所说：黄河决口于原武，东经开封城北，又向东南漫项城（以上在河南境内）、颍上（今属安徽）等地，直至寿州正阳镇入淮，贾鲁河①淤塞，郓漫东平之安山，元会通河淤塞。朝廷将水患列入压倒一切的国之重事。因张昺在山西地方任职时抗旱、蓄水政绩卓著，所以洪武帝很快就想到了他。于是，急诏他放下正在进行的政务，速去治水。张昺一到任就立马奔赴水患区域，了解详情后连夜制定了长治久安的抗灾方案，并快马上奏朝廷。不日，朝廷批复，又下拨了救灾治水银两。这是一项宏大的社会工程，史无前例。截止洪武二十八年（1395 年）冬，各地奏报：开塘堰四万零九百八十七处，河四千一百六十二处，陂渠堤岸五千零四十八处。

第五，组织移民②。张昺忙于政策的制定。人众地区，以轻税减赋刺激百姓致富积极性；人口稀少区域，以发放耕牛、种子救助，具体解决实际困难助农复耕、垦荒。政策制定好之后，张昺小心翼翼地上奏朝廷。圣上阅后龙颜大悦，立即批复，并昭告全国广泛施行。

洪武帝高度重视水利、农业基础设施，为正常农业生产提供了必要的帮助；税赋方面，不仅农业轻税，商业也实行三十税一的政策；对于小摊小贩，则一律免税；大力施行军屯和商屯。所谓军屯，就是军人也从事农业生产以自给自足；所谓商屯，就是由商人运粮供应军队，而商人以此获得盐务等特种物质的经营权

——商人从内地运粮去边地路途太远，于是纷纷就在边地雇人种田——军屯和商屯成功地减轻了国家和老百姓的负担。

洪武帝为大力发展农业生产薄税轻赋：采取农业轻税、商业轻税政策。这些惠民政策，极大地调动了广大民众致力经济的积极性。

建立社会救济制度。如救灾制度：全国各地凡逢遇水旱等灾害的，则不但免除当年的税赋，并开仓赈灾。再如济贫制度：设立济养院，凡生活无着落者皆收留之，并按月发给粮食等；贫穷人家无力埋葬亲人的，由政府赞助陵地和丧葬费；年满八十的老人，国家赐给爵位及养老待遇。在立法上多“佑贫抑富”，穷人家卖子女的，官府出钱收买，同时安排富人收之为佃户；并鼓励富户贷米给穷人，国家以免除富户杂役形式承担利息。粮食涨价时，政府开仓平价卖米以平抑米价，并提前发给开办公共工程者，以安置流离失所之民……

总之，洪武帝通过实施一系列的惠民政策，很快稳定了社会与民心，恢复、促进了农业与经济的发展。明朝也由此得以在富足安康的道路上大步前行。

据《北朱村文史资料》（第一辑）记载：

张昺居官工部右侍郎期间，掌管国家工程建设、垦荒屯田、兴修水利及交通驿道建设等诸项重任。多有建树，政绩丰硕：

其一，完成重大工程建设。

1. 为巩固海防，抵御倭寇骚扰，构筑防倭城池 59 座。

2. 奉命修筑观星台于南京鸡鸣山。

3. 修筑长城，巩固北疆。明朝建国之后，退居漠北的蒙古贵族残余势力，仍对明朝廷是最大的威胁。为防止蒙古骑兵南下骚扰，从明朝初年开始，大筑长城，张昺参与其事。

其二，安抚流亡，奖励垦荒，扩大屯田面积，增加粮食产量。张昺奉命，按朝廷规定无主荒地可由民开垦，以为永业；凡还乡复业者，可免税三年。大兴屯田，并分民屯、军屯和商屯。民屯和军屯的土地总额达 89 万余顷。据《明会典》统计，洪武二十六年（1393 年），全国垦田面积为 8507673 顷。比元末增长了 4 倍还多。奉命组织移民：于洪武二十一二年，先徙民无业者垦田黄河南北。次年又徙山西民于北平、山东、河南，改变了那里田园荒芜、无人耕作现象。由于民垦面积扩大，粮食产量也随之逐年增加。洪武十八年（1385 年），全国税粮为 80 余万石，洪武二十六年（1393 年）为 3200 余万石！《明史》曾这样记载当时的农业发展状况：“是时宇内富庶，赋入盈羡，米输自输京师数百万，府仓库蓄积甚丰，至红腐不可食。”在农业种植方面，张昺重视经济作物的种植，劝民利用隙地栽种桑、枣、棉、麻等。根据规定：农民有田5至10亩者，各种桑、麻、木棉半亩；10亩以上者加倍种植。同时还以种植经济作物的多少，作为考察地方官员政绩的重要标准。这些措施对扩种经济作物，改善农民生活，都起到了一定作用。

其三，兴修水利，发展农业。水利事业在元末遭到很大破坏。明初由于政府重视，进行了普遍兴修。兴修水利、治理河流是工部的一大职责。张昺长于此，用力最著，其事颇多。

1. 修筑崇明、海门决堤23900余丈，参加修建的民夫达25万人。

2. 洪武二十五年（1392年），调动40万人修建江南溧阳银墅东坝河道4300余丈。

3. 洪武二十六年（1393年）九月，开胭脂河以通浙运。从此漕运经常州、镇江，既有利于漕运、商业往来，也有益于农田灌溉。

4. 据洪武二十八年（1395年）统计，前后不到两年的时间，在全国范围内共开塘堰40987处，疏浚河道4162处，修建陂、堤、岸共5048处。

5. 洪武年间陕西的洪渠堰、四川的都江堰和广西的灵渠堰，都先后被修复，宁夏卫所修渠道"灌田数万余顷"；浙江定海所睿东线湖亦灌田数万顷。

6. 截止洪武三十一年（1398年）八月，云南七年辟田30余万亩，凿铁池河灌良田数万亩，民复往者5000余户。明代洪武年间，在水利建设上能取得这样巨大成就。除了朝廷重视、工部出力之外，身居要职的张昺功不可没。

据冀朝鼎《中国历史上的基本经济区和水利事业的发展》一书统计，仅是有明一代修建的水利工程凡2270处，超过了以前所有朝代。这里后话需要前提。张昺在工部的任职其实是两度：即最初的调入和后来作为巡视大员的巡察。

所有上述这些，都倾注了张昺的心血与汗水。这其中，他工作深入、细致，经常亲临实地督察、指挥，现场办公解决了许多棘手的疑难问题。虽年代久远，但其在作为巡视大员，视察丹河时，有诗作为证——

寂寞春山上，同人欠跻攀。云深千丈隐，风定一泓寒。

扑面林花舞，循崖独鸟盘。自怜幽兴极，欲去屡蹒跚。

这是明洪武二十八年，朝廷钦点熟悉河务的张昺为巡视大员，到怀庆府（今焦作、济源二市辖区内）巡视丹河、督查河务时，即景生情，遂赋五律《游丹河》诗一首。诗中体现出了他在早春时节巡视丹河，春寒料峭、人迹罕至，在坡度不太陡峭的山间羊肠小道上，与同行者（可能是陪同的地方官员）不需要借助路边的荆棘，就能抬足登山。但当登上顶峰俯瞰时，密布的浮云将山间弥漫得迷离莫辨。一阵风儿吹过，仿佛感受到了山下一泓寒水的清爽。收回目光再看山间果树的花儿随风飞舞；在那悬崖之上，一只孤鸟不畏寒冷循崖盘旋。此情此景，不禁令人心生怜悯。想要离开时，数次步履蹒跚、踉踉跄跄。其实，是登山累得腿脚不便了。

四十字诗句言简意赅，丹河远近景观跃然纸上：春山、春水，春花、春鸟，春云、春人，好一幅生机勃发、春意盎然的秀美风景画卷！从情景交融的意境之中，体现出了诗人对祖国大好河山的无限深情与赞美。抒发了作者勤政务实、躬身“跻攀”的壮志豪情。

就此而言，张昺文笔高超、快捷，相信他的佳作还会很多。但惋惜的是他英年早逝、突遭杀戮，后代闻讯后辗转奔命，未能够保存下来。

当时的巡视大员，出任时为正二品，公务结束返回，职务自动解除。其实，张昺早已是正二品大员，因此回朝后仍是正二品职位。

注释

① 据史料记载：贾鲁河原是一条古运河，曾叫过鸿沟。约在战国魏惠王十年（前360年）开通。连接济、濮、汴、睢、颍、汝、泗等主要河道，形成了黄淮平原上的水道交通网。因水量充沛，可通舟楫。对促进全国经济、文化的交流起到了巨大作用。汉以后称浪荡渠；后称沙水，亦作蔡水；唐、五代、宋称蔡河，上游叫惠民渠；后为汴水分支脉，又叫小黄河，还称京水河。随后，河道淤塞，雨季洪水猛涨，经常泛滥成灾，危害百姓。

② 明代洪武年间移民：洪武三年（1370年）五月，在河南设立司农司，议计民授田，负责移民垦荒事宜。六月，以苏、松、嘉、湖、杭五府地狭民稠而皇明发祥地临濠耕田多闲弃，迁五府无田贫民往耕；洪武四年（1371年）三月，移山后一万七千户到北平耕种；六月，复徙山后民三万五千八百户、十九万二千八百人入籍北平各个卫所、州县；不久，又迁移沙漠故元移民三万二千八百六十户，到北平开荒种田。分别落户于大兴、宛平、良乡、固安、通州、三河、武清、蓟州、昌平、顺义等地。洪武九年（1376年）十一月，迁山西及北直隶真定等处无产业者，往凤阳垦田；洪武十五年（1382年）九月，迁广东番禺、东莞、增城诸县元将何真所部降民两万四千四百余人，到泗州屯垦；（1387年）九月，命湖广、常德、辰州民有三千丁以上者，出一丁代耕云南；洪武二十一年（1388年）八月，移山西泽、潞二州贫民，往河南就耕；洪武二十二年（1389年）四月，迁苏、松、杭、嘉、湖、温、台诸府民无田者，到滁、和二州等地开荒；九月，招募山西地狭民稠州府县之民，赴北平、山东、河南地旷人稀之地耕作；洪武二十四年（1391年）七月，命户部籍浙江等省应天诸府富民一万四千三百余户，悉徙其家，以实京师（南京）；洪武二十五年（1392年）二月，移山东登、莱诸府民贫无产者五千六百三十五户赴本省东昌等处编籍耕种。在短短的25中，形成规模的移民就有10多次。其中，有户籍证据可查者7次。

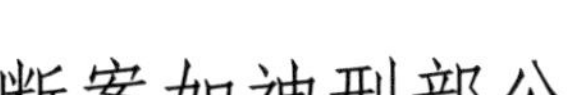

断案如神刑部公

刑部侍郎这个官职，是我国古代刑部的副主官，二把手，明代为正三品。

张昺是在明初各部要员严重缺乏，国家急于用人之际，平调到刑部的。调动的主要原因是明初的四大案，亦称洪武四大案。分别是，洪武十三年（1380 年）的胡惟庸案，十五年（1382 年）的空印案，十八年（1385 年）的郭桓案，以及二十六年（1393 年）的蓝玉案。

明朝初年,洪武帝为整顿吏治、经济秩序,大兴狱讼,破获了著名的“明初四大案”,即经济领域的“空印案”和“郭桓案”,政治领域的“胡惟庸案”和“蓝玉案”。通过这四起大案,朱元璋逐渐巩固了自己的统治。

据“百度百科”介绍：“胡惟庸案”简称“胡狱”或“胡党之狱”，明初四大案之一。洪武十三年（1380 年），明太祖朱元璋以“谋不轨”罪诛当时宰相胡惟庸九族，同时杀死御史大夫陈宁、中丞涂节等数人。洪武二十三年（1390年），朱元璋颁布《昭示奸党录》，以伙同胡惟庸谋不轨罪，处死韩国公李善长、列侯陆仲亨等开国功臣。后又以胡惟庸通倭、通元（北元）究其党羽，前后共诛杀三万余人。 除掉胡惟庸后，朱元璋罢左右丞相，废中书省，其事由六部分理，另设殿阁大学士，作为皇帝顾问。

空印案，是明代洪武年间因官署空白盖印文书而引发的一起著名案件。这是君主猜疑个性的又一次滥用。

洪武帝发现盖印空白文册的事时，甚为盛怒。他“以为欺罔”罪名，大加严惩。空印案是因当时国家规定,各地每年都要派人到户部报告地方财政收支账目,所有账目必须与户部审核后完全相符，才可结项。只要数字有一丁点儿对不上，整个文册便全被驳回,重新填造。而且,还必须重新盖上原衙门的印章才算有效。因往来路途遥远，派员都带有事先预备好的、盖过印信的空白文册，以备不时之需。这本是上知下晓的习惯性做法，各朝中央衙门从未发布过禁止命令。

但是，洪武帝不晓得此种做法。当他发现了这个公开秘密时大发雷霆，严惩所有他认为有干系的地方官吏。当时最有名的好官方克勤也被诛杀。而方克勤的儿子，就是后来因反对燕王朱棣篡位而被诛十族的“天下读书种子”方孝孺。

洪武帝自打金殿面试张昺之后，留下了深刻地印象。他本来就倚重北方官员，打算日后调到身边来，加以重用。后来，他在山西行省上呈的奏章中，得知张昺在县、州、府任上都干得不错，被百姓尊称为“当今‘包孝肃’”，更是想把他给调到京师来。但是，由于启用太学生分赴各地核查户丁、田亩，随粮定区的谏言是张昺提出的，户部急于要他亲领太学生到各地去。所以，事情给耽搁了下来。

明初的洪武大帝，自认为江山坐得并不牢靠：防范忤逆谋反成了他的心腹大患。为了整顿吏治、惩治贪污，他精心地设计了彻查著名四大案件的胡惟庸案、空印案、郭桓案，以及洪武二十六年（1393年）的蓝玉案。

对于这些案件，洪武帝早有觉察。但是，必须拿出真凭实据，才好严惩、以儆效尤。要勘察清楚这些案件，首先是善断刑狱、明察秋毫之人。于是，他想到了张昺。

当时，张昺在工部正风尘仆仆地带领着国子监的太学生们到全国各地，普查人丁户数、田亩、赋税等。刚告一段落，就接到了调往刑部任侍郎之职的明旨。

张昺是胡惟庸案后期调入刑部的。当时，上下已经牵连了一万五千余人。后来牵涉的几位功臣宿将，令张昺痛心不已。但也丝毫没有办法挽回残局。

一是指挥使周德兴。据“百度百科”介绍：周德兴，濠（今安徽凤阳）人。其年龄长于朱元璋，是其幼时玩伴。由于非常关爱朱元璋，所以朱元璋一直呼之为兄。周德兴很早就为他效力，累积战功，迁左翼大元帅，后升指挥使、湖广行省左丞。洪武三年（1370年）封江夏侯，后被任命为将军，出征湖南、四川及广西。洪武二十年（1387年）三月，复令周德兴到福建，委以防倭重任，功勋卓著，筑城一十六。为巩固海防，立下了不朽功勋。但是，洪武十六年，周德兴之子周骥，伙同右军都督王诚之子王庸等入宫为非。洪武二十五年（1392年）八月，周骥被揭发同宫女暧昧关系，以“帷德不修”罪名，父子连坐诛死。

二是靖宁侯叶昇，亦因涉嫌胡惟庸案被杀。梁国公蓝玉等，后皆因谋反罪被杀。实在令张昺惋惜与心寒！

一时间，大明朝功臣宿将纷纷落马。仅上述牵涉胡惟庸案、蓝玉等案件者，就有数十万众。如此背景下的明初王朝，国家要员严重缺乏。兵部尚书位置的空缺，是洪武帝鉴于户部事务已经纳入正常轨道的情况下际，又钦点了张昺刑部任尚书之职。张昺呢，身不由己地被卷入了此种社会境况之中。

但是，他在其中尽量避免牵涉无辜，多次抵制风闻奏事捕风捉影，避免了不幸事件的发生，被朝臣称颂为“短按公允”。他在难以左右大局的境况中，尽量减少着不必要的牺牲。

户部尚书施新政

户部作为我国漫长中古法制史上的中央财政管理机构,其地位相当于现代社会的民政、财政部。户部掌管一国财政用度,在国家财政管理方面发挥了重要作用。明朝是中华民族发展演进过程中的重要历史阶段:一方面是国力强盛,文化灿烂,经济发展可同汉唐媲美;另一方面,明朝也是我国历史上皇权高度集中、中央集权制度空前强化的朝代。

明太祖朱元璋在建国伊始革中书省、废丞相制,相应擢升六部品秩,户部开始与中央其他五部一起,直接隶属于朝廷,听命于皇帝。洪武帝此举,与明初胡惟庸案、空印案及郭桓贪污案的发生,有着密不可分的关系。此三案是明初户部的奠基,以及皇权对财政影响的时代背景。户部的职能及其运作情况,在中央财政与地方财政有效衔接过程中,发挥了重要作用,特别是税赋、漕运、仓储三大具体职能。

有明一代,专制主义中央集权制度空前强化,这一政治特征也折射到国家财政管理层面。户部作为中央财政管理机构,地位相对提升,财权逐步规范,机构设置趋于完善,有效克服了经济运作中的不稳定因素,客观上促进了社会经济因素的自然转化和商品经济的繁荣。但是,户部作为专制皇权的统治工具,始终受制、听命于皇帝,徒具执行权而无决策权。从这个意义上讲,明朝户部及其运作制度,仅是对专制君主而言最完美、最合理的制度设计,很难对社会经济的进一步发展做出更大的贡献。尽管,这是制度使然。但作为忠臣的张昺,不去考虑这些,而是尽职尽责地做好自己份内的事务,竭尽全力为朝廷效力。

休养生息、恢复生产,是洪武帝朱元璋的治国方略。因为,元末统治黑暗,官场腐败,致使土地荒芜、民生凋敝。欲要尽快实施休养生息的经济政策,就需要大力奖励垦荒种植。不仅地方如此,还得实行民屯、军屯、商屯等屯田制度。为了确保农林生产,就需兴修水利,在全国推广桑、麻、棉等经济作物的种植等。此一系列有利于恢复、发展农业生产的措施,是要尽快让大明的社会经济得以恢复与发展。

为此,国家早于洪武十四年就下令清丈土地,编制赋役黄册、鱼鳞图册,建立里甲、粮长制,有意刺激广大农民的劳动兴趣,把他们尽快引导到土地、种植上来。洪武帝因出身贫寒,所以很能体恤下层人民的苦难生活。因此,他尽量限制、打击旧有豪族地主；为减轻徭役负担，规定工匠轮班制度，宽松了对手工业者的人身控制。这一系列政策，对明初恢复、发展农业、手工业生产，起到了促进作用。洪武帝具有宏韬伟略：要充实官僚机构，就要采取荐举、学校、科举三种途径并用的办法，尽快选取德才兼备、年富力强的清正官吏。他还鉴于元代官吏贪污腐朽，直至亡国的教训，果断整顿吏治。他对贪官污吏恨之入骨，甚至剥皮囊草以儆效尤。

然而，洪武帝的决心再大，谋略再好，也不能事必亲躬自己全力去做，需要贤能代他落到实处。当他在殿试中见到张昺时，眼前竟然一亮：真乃朕心目中之人杰也！洪武帝是伯乐，慧目识真金。事实证明他的选用是对的。张昺任职后的勤政廉洁、办事果敢高效，切实把他的治国方略给落到了实处。

朝廷责成工部匠籍轮番入京师服役制度时，派员具体到各州府普查，落实人选数目等有关事宜，把朝廷对工匠的关怀落到了实处。这是张昺步入朝堂的起点。

当时，有人传说南方人手巧，能工巧匠多。张昺的第一去处就是赴江浙地区。

他不怕吃苦，终日奔波巡察，顺利地完成了预期事务。每到一处，他都要多方面咨询，获取更多的信息。那日回返至江西景德镇时，有了重要的发现：当地名声在外的精致贡品窑口，大都处于荒废状态。他在充分掌握具体情况，又深刻分析之后，道出了自己的建议。他将这些内容详细整理成单独材料，回朝后及时向皇上奏明："以往朝代，景德镇窑之所以名震天下，是因它具有得天独厚的自然条件：一是交通便利。它位于江西省东北部，地处群山环抱之中，昌江傍镇而过，自古就有'昌江通衢'便捷条件，'行于九域，施及外洋'，二是制瓷原料丰富优质。浮梁县境内麻仓山以及附近星子、乐平、婺源、余江、鄱阳等县，尽是山陵地带，蕴藏着大量的高岭土、瓷石、釉果和耐火土之类矿物。这些制瓷原料杂质少、蕴藏量极丰，适宜于制作高级瓷器。三是上乘燃料充足。景德镇及其四乡山区，盛产松木和其他杂木。松木火焰长，烧瓷最为合适，为烧窑提供了丰的燃料。四是充分利用有效资源。瓷窑设于昌江及其支流沿岸，河水可供淘洗瓷土；不用过多投入，只要设置蓄水礁，就可利用水力的自然冲击力粉碎瓷土。我朝有如此得天独厚的资源与工艺，何不加以扶持，使之为我朝所用……"

他的上奏有理有据，有实施细则，直说得洪武帝心悦诚服。据说，明代景德镇瓷业的飞速发展，与张昺的此次专题奏事有关。后来，这里果真成了全国制瓷行业重镇。无论数量、质量，还是花色品种等，都是中国当时瓷器的翘楚。正如《二酉委谭》所说的：有"天下窑器所聚"之称。

后来，洪武帝下诏：在景德镇启用御磁器制造厂，供给皇帝宫廷用瓷。洪武

帝朱元璋很是精明，在宋、元两朝景德镇监造选购皇家用瓷的基础上，专门在景德镇设置御器厂，派遣督陶官，为皇帝烧制各种宫廷、外交、礼品用瓷。御器厂凭借帝王之威势，汇集大批精通瓷业生产、擅长制瓷技艺之工匠。他们投入大量资金，占用最好原料，对产品精益求精，制造出了许多瓷器精品。这些瓷器不仅品种兼备、风格齐全，而且质量上乘，不少成为传世珍品。

这个建立于公元 14 世纪的御器基地，初建时有窑口 20 座，后增至 58 座，最多时达 80 座。制瓷人员随着制瓷业的发展，逐渐增加到 10 万之众。为了生产的专业以及方便，各厂下设许多分厂：有大碗作、盘作、画作等 23 座，以协作形式展开制作。生产过程细致到：舂土、澄泥、造坯、汶水、利坯、打圈、字画、喷水、过锈、装匣、满窑、烘烧等各道工序。《天工开物》说其“过手七十二，方克成器”。也就是说，要经过七十二道工序，才能制成一件瓷器。大多数工序都有人专司其职，技术精益求精。御厂的烧造任务，每年一般有固定数量，由工部核发，称“部限”。宫廷临时需要，加派的烧造数称“钦限”。御器厂设置在景德镇珠山。

初刊于崇祯十年（1637 年）的《天工开物》，是世界上第一部关于农业和手工业生产的综合性著作。是中国古代一部综合性的科学技术著作，有人称它是一部百科全书式的著作，作者是明朝科学家宋应星。作者对明代洪武年间的景德镇御制瓷业，给予了充分的肯定。同时，也为中国的瓷器创新与生产，奠定了坚实的基础。 所有这些，有着张昺的辛劳与汗水。

洪武十九年（1386 年），皇上诏令全国：凡划入匠籍者，正式开始到京城轮班服役。张昺还特意上奏：免去景德镇御制瓷窑工匠的入京服役，使之能够专心制作磁器，保证皇宫及有关御用。洪武帝纳谏，免去了景德镇官窑匠工的远役之行。

景德镇瓷器开窑之后，洪武帝很是赏识张昺的精明能干。

洪武二十年（1387 年），六部金殿奏事时，洪武帝催问户部尚书编制黄册、特别是鱼鳞图册进展情况。户部尚书为难地说：“编制鱼鳞图册、核实黄册工作量大，技术性强。就目前户部人事情况来看，即使停下所有工作，也难以在三年内完成。户部人员分工明确、各有所管，对于这项事宜知之不多，恐难胜任。一句话：专业人才严重不足！”

洪武帝问：“还有其他妙法否？”

户部尚书摇摇头。洪武帝环视殿中早朝奏事的其他五部官员后说道：“水患肆虐，朕夙夜忧心如焚；其他五部，也可说出你的锦囊妙计，为朕分忧啊！”

殿上其他五部成员，闻言皆为茫然。只有张昺若有所思。他思忖片刻之后，以征询的口气问道：“圣上，如今的国学，实在是人才济济。我想：有学子具有这方面的知识。何不令他们走出学堂，分赴到各地去，也好理论联系实际？”

洪武帝闻言道：“对呀！我怎么没想起来呢？爱卿好谋略啊！”

接着，国子生奉命下去，奔赴全国各地，具体参与编制鱼鳞图册工作，并且随粮定区。张昺的这项建议，既为国子生提供了实践、施展才华的机遇，也缓解了朝廷专业人才匮乏之急。

增加了太学生之后，户部的编制黄册、鱼鳞图册工作成效卓著。洪武二十一年（1388 年），在黄册、鱼鳞图册即将并行的基础上，洪武帝再次征求张昺意见之后，特指派专人，核实全国卫所屯田。

张昺虽在工部任职，但对户部一些有关的工作很是关注。因为，他只有大致知晓户部与工部联系密切的相关情况，才好根据具体情况，展开工部的工作。直到洪武二十四年（1391 年），全国各郡县赋役黄册才得以成就。为大明朝廷的工部事业，提供了可贵的决策依据。

洪武帝还有一件闹心的事：水患连年发生，严重威胁百姓生命财产、大明江山社稷。

洪武二十四年（1391 年），黄河决口多处，又夺道冲进淮河。

洪武二十五年（1392 年），黄河超涨巨兽更加凶猛，决口阳武，泛滥陈州（今河南淮阳）、中牟、原武、封丘、祥符、兰阳、陈留、通许、太康、扶沟、杞县十一个州县。房屋倒塌，道路冲断，庄稼淹没，水中丧生者不计其数，饥民哭天喊地……

洪武帝下了最大决心：一定要根除水患！

洪武二十六年（1393 年），张昺一边着手筹备治理黄、淮事宜，一边先开胭脂河以通浙运。从此，漕运皆经常州、镇江，水路较以往通畅，南方漕运便捷。

洪武二十七年（1394 年），朝廷治理水患正式开始，是张昺入朝以来最为忙碌的一年。他一边奔赴各地，劝民充分利用隙地，种植桑、枣、木、棉；一边培养、领导国子生分行全国各地，督查治河、兴修水利事宜——此仍为实施张昺的建议。

一年忙碌下来，张昺倒觉得心里舒畅：终于能够放开手脚，多为朝廷效力了！在国子生正式开展工作之后，他又亲行巡察河务事宜。

户部尚书的职责，是主管全国户口、赋役方面的政令。

前文曾经说过，张昺在地方任职时，就已上奏朝廷：鉴于建国伊始，百废待

兴，急用人才状况，建议尽早启用太学生，协助侍郎稽核版籍、赋役实征等统计工作。

张昺的谏言被采纳后，洪武帝考虑到具体操作的方便，便将其先调入户部侍郎任上。一是具体实施奏谏方案；二是希望历练之后委以重任。

于是，最初到户部任侍郎之职的他，有力地具体指导着这些提前启用的优秀太学生武淳等人的日常事务。张昺谏言的付诸实践，可帮了侍郎日常工作的大忙：移民垦荒、招抚安置流民，特别是编制的鱼鳞图册、黄册，为上述工作提供了可靠依据；抑制了豪民兼并，以限田裁异端之民；以树艺课农官，以草地养马放牧，以佃种召佃尽地利；对多年积欠赔累，根据情况给予蠲免；根据各省收支情况，调剂余缺，差役减轻免复；对灾区贫老抚恤救济，对有功之人赏赐；权量市籴，评估掌控物价；征收山泽陂池、关市、坑冶之税；赡军输、督漕运、赡及转输屯种，开中以实边，核定百官俸禄支给；定期编造户口册籍，调整户住，了解人口及土地增减变化，及时采取相应对策；并且，对隐匿户口，侵吞土地等不法行为及时给予制止、纠正等。

年轻有为的张昺，在太原知府任上官声不错，洪武帝早有耳闻。他如此了解张昺，正如前面所说的殿试中，张昺御对惩治贪官污吏方略的陈述。洪武帝当时就大为赞赏，过后心里仍然记挂着。认为北方官员心诚事实，可以倚重。张昺坦诚持重、痛恨贪官、思路开阔、处事果断、敢想敢为。于是，便把他调任身边，给予施展才华、辅佐王政之机。

张昺先是从太原知府的正四品，升迁到了工部侍郎的正三品。公务刚有了好的开端，郭槐案就败露了。洪武帝相信张昺清正精干，又急于用人，就将张昺平调到户部侍郎任上。

张昺本来就志向高远，升迁又为他提供了大展宏图的机遇。他为自己的政见能够实施，日后更多为国出力、为朝廷分忧而感到欣喜！于是，终日里更加尽心竭力地忙碌着公务。“新官上任三把火”的工作成效，使得圣上对他更为器重。

张昺调入户部不久，发现原户部侍郎郭桓，利用掌控全国钱粮征收之机，使用瞒上欺下伎俩，敛财无数，是个巨贪。

郭桓明朝洪武年间任户部侍郎，负责全国征收钱粮工作。他奉命到浙西道收秋粮时，与当地官吏勾结，侵夺钱粮。他的敛财术只为瞒上欺下，先是瞒上。当时，洪武帝下令减免太平等地钱粮。结果，让其有机可乘。他巧取豪夺，胆大妄为地将收上来的450万石浙西秋粮，只交纳了200余万石，其余皆被私分。他贪得无厌，还在上交中央粮仓的一小部分粮食中，又搀水以增重量，导致仓库内原有的粮食也大都腐烂。对于欺下，郭桓更是挖空心思。他将粮食运输费、编竹篓费，甚至是求神佛保佑粮船平安的费用，全都摊派到了百姓身上。当时，官府养马用的草料从民间征收。只要谁向其行了贿，草料就可免征，分摊到未向他行贿的地方。仅是700余万石官粮被盗案，就令贫苦出身的草根皇帝心痛不已。朱元璋的震怒，使得涉案上万人，成了惩治贪污的对象。

中国历史上反腐最狠的皇帝，首称大明朝开国之君朱元璋：首先就是改律法，接下来是严惩腐臣。朝中御史参劾郭桓贪污行径，使其巨贪败露。朱元璋最是憎恨贪吏，亲笔手诏将他处死。受此案牵连，地方官员数万人纷纷落网。

郭桓巨贪案牵涉面最广：户部、礼部、工部、刑部，兵部侍郎、尚书，北京承宣布政使司、提刑按察使司等多个政要部门，中央地方官员被处死者上万人。几万官员入狱，地方上的商人官员，抄家的不计其数。这宗大明建国伊始的巨贪案，令洪武帝痛心彻骨！

郭桓案的连锁反应，导致掌管仓廪之职官员严重空缺。当时，选拔优秀地方官员到中央部门任职是主要途径。同时，也给了洪武帝一丝的心里慰藉。

张昺在太原知府任上干得风生水起，洪武帝命拟旨将他调入中央部门是必然的。张昺呢，不愧是年轻有为的好官，终日里竭尽全力忙碌公务。他的所作所为，更证实洪武帝擢升他是正确的。他除了思维超前、精明干练让朝廷放心之外，公而忘私的奉献精神，更令圣上刮目相看。

舍弃自家专事公

张昺在太原知府任上由于公务忙碌，不常回家。但他至孝事亲，把含辛茹苦养育自己成人的羸弱母亲接到了府衙，一有闲暇，就尽量侍奉左右。

张昺母亲年轻守寡，由于生活清贫和长期操劳过度，身体状况每况愈下。张昺到了婚龄之后，她硬是强撑着劳作，为儿子聘娶了媳妇。正如俗话所说：不是一家人，不进一家门。李氏进门之后，如同当年的婆婆般地贤淑勤谨。脾气好加上心肠热，终日里满面笑容地侍奉婆母，很是周到。后来，张昺做了知县，在家的时间很是有限。再后来，知州、知府步步高升，在家的时间就更是有限。尽管，李氏很是孝顺，但张昺还是把母亲接了去，到太原知府衙门后堂自己的住处。一忙完公务，就照料、侍奉母亲。名医良药自不必说，补养之物、稀罕物品不断。但是，长期透支的身体，已经成了定局。无论儿子如何孝顺，都难以改变她的身体状况。本来，张老夫人舍不得离开自家。但张昺放心不下，非要把她带在身边不可。她舍不得乖孙子们和儿媳妇，但经不住儿子的软磨硬缠，只好跟了儿子去。她想：难得儿子一片孝心；知府衙门离家虽远了些，但毕竟是在山西境内，日常生活习惯大都相同；家里如若有甚事，还可以及时回去。

张氏老夫人看到儿子有出息，心里别提有多甜蜜！当张昺接到任命为太原知府圣旨时，老老太太竟然高兴得连连咳嗽、上气不接下气。张昺当时很是揪心！但皇命难违，怎么能够还没到任，就先考虑自家慈母高堂？于是，他只好先赴任而去。

张老夫人在家时虽说身体不好，但终日里孙子们绕膝，逗得她笑声不断。儿媳贤惠孝顺，儿子升迁后媳妇再次“有喜”，她享不尽的天伦之乐！她这么一高兴，身体仿佛好了许多，精神头也就提起了不少。俗话说，“人逢喜事精神爽”，她整日里锅后堂前地忙活着。这本来是件好事，可张昺却是放心不下。

张昺生怕累坏母亲是有道理的。以前，自己在知县、知州任上时，公务虽相对简单些，但忙起来时顾不上回家，有时甚至长达一个季度都回不去。所以这次升迁，他磨破了嘴皮也要说服母亲，接到知府衙门早晚奉养。张老夫人恋着故土，媳妇、孙子们也难以割舍，不愿离开家门。

李氏看透了夫君的心事，再三保证：一定要侍奉好婆婆。看到李氏黄瘦体弱的样子，张昺心中不禁酸楚：这位自家东北隅四五十里处的东黄石村李氏之女，嫁入自家之后为张氏连添丁四人。就是怀孕身体不适，或是分娩后的月子里仍不辍劳作，舍不得多歇息。自打又怀孕起，妊娠反应更是厉害。终日里难以正常进食，又黄又瘦得不成个模样。

自从张昺把母亲接到太原府后，她老人家心里总是惦念媳妇与孙子，经常让他带她回家看看。后来张昺要到京都上任，可以说是远在天边。李氏白日里看上去就有些体力不支，五更黄昏会否有个意外？这些个心事搅得张昺心里不安。但是，忠臣就是忠臣，一想到赴京期限将至，就丢下家事挥鞭打马上任而去。

自打张昺赴京之后，李氏的身体日渐不济。到了分娩之前，竟然难以起床。但是，为了能让儿子全心全意地为朝廷效力，张老夫人在回复儿子的书信中只是“报喜不报忧”。对于家中的实情，张昺不得知晓。因为，母亲诚实忠恳，从未瞒哄过儿子什么。所以，他能够放下心来专心事公。

且说张昺夫人李氏，产前由于严重营养不良，视力日益下降。一到傍晚天黑下来，就好像盲人一般。请乡间医生诊治，说是由于营养严重不济，而导致了妊娠期“夜盲症”。等到分娩过后，可能会好转起来。但是，事情却完全不是那么回事。

李氏分娩是在深夜，多次昏厥、休克，大人、孩子两条性命危在旦夕！张老夫人平日里本来就身体不好，这一惊吓非同小可：不时地面赤心悸，两腿发软。不过，她很有主见，让人请了泽州县最有名的接生婆。说来也是有惊无险，总算母子平安，度过了难关。

等到家中就绪下来，张氏老夫人就给儿子写了一封报平安书信。只说“家中又添男丁”，并未提及她们婆媳的身体状况。所以，接到家书的张昺只顾着欣喜，却未往她们的身体方面多想。公务本来就很繁忙，他连假都没有请，继续忙活着。

俗话说：万事开头难。上任伊始，张昺公务纷繁。自打接到那封家书之后，好长时间都无暇回家去看望母亲和妻儿们。时光飞逝，不觉几个月就已过去。后来，恰好圣上要彻查一桩山西案件，就派他前往巡视。张昺心里好笑：简直是忙晕了：好像忘了自己还有个家！倒是圣上洪恩，还记着让他顺便回家去看看。他感激圣上对他的关爱，想着今后更要勤谨效力，报答圣上关爱隆恩。

一说要回山西，张昺立马上路，尽快踏上了这个公私兼顾的行程。

到了山西，张昺先去巡视了那桩案件。公务安排妥当，才奔家而去。太阳落山时分，张昺在自家门前下了轿。刚挑开轿帘儿，两个在门前玩耍的儿子，就蹦跳着迎了上去，不约而同地说：

“爸呀，您可回来了，娘和奶都病了！”说着，又都哭了起来。

张昺闻言大吃一惊：“说甚？都病了？怎回事？”

两个儿子也不回答，争抢着拉住了他的手，一种粘糊糊的感觉，唤起了他的下意识：他这才将目光落到了儿子们的手上：“哇，这么黑，还这么粘？”

三儿子哭着说：“爸呀，俺娘病了，不能挑水；俺奶的脚被缠裹得也太小了，强努着挑起水，又迈不开步子。没有水，咋洗脸啊？”

张昺闻言细看两张小脸，竟然“扑哧”一声笑出声来。原来，自己急切回家，还没站稳脚步，就闻母亲、夫人都有病，更是心急火燎！于是，还真的没顾得上细看这两张胖乎乎的小脸。他们弟兄俩的脸红一片、黑一团的，简直就像小花猫的脸！如此面目，真是可笑又可怜！问及家事，弟兄们争抢比画着说给他听：“家里经常没有水，奶做好一锅干饭要吃好几天。奶有病，老是躺着。叮嘱我们甚时候饿了，就爬上煤火台，把饭挖出来，盛到碗里再吃。我们都嫌麻烦，直接就用手到锅里去抓，然后再搓成团儿，吃着可方便了！”

俩孩子如此这般地说笑、比画着，看上去是在为他们的“发明”开心。那会儿，铮铮铁汉的张昺，止不住心中酸楚，眼圈儿红了！

上面说的，是在家门口玩耍的张昺三、四子。“小五子”上面兄长们的名字是：仁、义、礼、智。长子张仁已经弱冠，好学上进得如同当年的父亲，考取了功名，已经在邻县的县衙里任职。次子张义十五岁，也是块好学上进的料，已从水南寺考了出去，食宿都在县学。三子张礼刚刚十岁，四儿子张智还不足六岁。祖母和娘亲都有病，无法照顾他们小哥儿俩，挺可怜的！还未能见到的“小五子”，那就不用费心取名了，自然就叫张信了。张昺如此为儿子们取名，就是想让他们长大后明德、修身、齐家，能为天下安乐太平效力。这些，也是他自己日常的思想准则与行为规范。

在家的那些时日里，简直把从来不知家长里短的张昺给难为坏了。打小母亲就娇惯他。除了担水、挑煤、推碾子，以及打扫院子、大门外的地面等粗笨的力气活之外，就是十几岁时使唤牲口、种地什么的。至于做饭、弄菜、刷锅、涮碗、洗衣服、整理房间之类的家务活计，他可是从来都没有沾过手。如今，她们娘儿俩都病病歪歪的，怎么办？不当里外“一把手”怎行？但这么多的活计，从哪里着手呢？

近侍程亨、张红都比张昺在行，一进屋就挽袖捋胳膊，麻利地动起手来。张昺定了定神儿，破例没有先去见母亲，就跟着干起活来。程亨挑了水，洗刷了水缸，然后又挑了几担水。他们家水缸大是有原因的：母亲脚小，挑不动水。他从小就接下了这样的活计。后来，他到外边去做官，回家后首先是挑满一大缸水。再后来，媳妇李氏进了门。虽说她的脚自幼也被缠裹得很小，但比婆母的脚要稍大一点儿，可以勉强挑水。这段时日，她病得弱不禁风，站都难以站稳，哪里还会挑得动水？水缸满了，张红已经扫好了屋院的地面，又赶紧洗锅碗、抹洗煤火台面。煤火也灭了，他们就生起火来。张老夫人闻到了烟味儿，还以为是两个孙子玩火呢，咳嗽着赶紧起身，从上房里屋晃悠了出来，踉踉跄跄地到了灶房。看到儿子笨手笨脚地操持家务，心疼极了：“儿子，难为你了，让娘来吧！”张昺这才扭过头来。一见母亲消瘦了许多，止不住眼圈儿又红了！

张氏老夫人道：“这两个娃太淘，整天哄我和他娘说：‘爸回来了！’这不，刚他们又说，我还以为又是逗我开心呢！哈哈哈哈……”她说笑着，又忍不住咳了起来。

张昺一步上前，跪在了母亲面前，不觉已是潸然泪下：“娘啊，儿子不孝，让娘受苦了！”

“不苦，不苦！谁叫俺儿有出息呢？自古忠孝不能两全，你也不必难过。快走，看看你媳妇和小五子去！”

张昺搀着母亲到了西屋，但见两个大的也在床上，正逗着小五儿乐呢！李氏呢，病得昏昏欲睡，任凭他们弟兄折腾，看来病得不轻！于是，张昺随即就去请医生诊治。

张昺在家的几日里，可干了不少的家务活：和跟班儿的程亨、张红一起，推碾了几斗小米。他们三个大男人，粗手笨胳膊地洗了家里该洗的衣物。李氏呢，由于服药和有人照料，不日脸上便有了血色与笑容。哎，真可谓“好景不长”，转眼间已近归期。为了不耽误公务，他从黄石村把岳母接至家中，帮忙料理家务、照顾老小，才归京师而去。

张昺回到户部，一忙碌起来，就又将家中忧心之事丢在了脑后。首先是核对全国各地编民、田亩与赋税数目；其次，是实施工匠轮番到京师服役制度；其三是进一步完善核粮定区工作，让国子生武淳等奔赴全国各地，根据具体情况解决有关问题。对于这些卓有成效的工作，洪武帝大加褒扬、赏赐，并专题表彰，号召朝臣学习效仿他。一时间，张昺名声大振，成了朝臣中的热点人物！

兵部尚书国之栋

明代的军政，是由兵部下设置都司卫所来管辖的。

洪武元年（1368年），初置燕山六卫以护北平。是由乐安卫改燕山左卫，济宁卫改燕山右卫。第二年八月又设置燕山前卫和燕山后卫。洪武三年十二月升燕山卫为都指挥使司。洪武四年，置蓟州卫指挥使司。洪武七年（公元1374年）九月，燕山都卫指挥使朱杲，与通州、汝宁、密云三卫指挥佥事在古北口遭遇元军残部战死。十一月，调福州都指挥使曹兴为燕山卫都指挥使。洪武八年正月，曹兴升任大都督府佥事。洪武九年十一月，将各地所设都卫改为都指挥使司。燕山都卫改为北平都指挥使司。北平卫改为燕山前卫指挥使司。洪武十一年，又置燕山中、左二卫指挥使司。洪武十三年，改北平大兴右卫为燕山右护卫。这样，当时北平既有燕山中左右前后五卫，又有燕山的中左右护卫。所有这些防卫，都是国家柱石，捍卫着大明朝社稷的安危。

在功臣宿将被杀背景下的明初王朝，兵部尚书位置的空缺，是洪武帝鉴于户部事务已经纳入正常轨道的实际，又钦点了张昺：将官职晋升为正二品，到兵部任尚书之职——张昺，是明初社会境况中的佼佼者。

大明朝的兵部，执掌着全国军卫、武官选授、简练之政令。具体掌控朝廷内外武职官员的除有四个司：武选清吏司，考核武职官员的品级与选补、升调、承

袭、封赠诸事等，并管理土司；车驾清吏司，掌全国马政及驿传等事；职方清吏司，掌武职官员的叙功、核过、抚恤、军旅之简阅、考察、巡防等事，并管理关禁与海禁；武库清吏司掌全国之兵籍、军器、武科考试之事。此外，清设稽俸厅，掌稽察武职官俸；管理京师驿传事务；捷报处，掌递送文书。

明洪武二十六年（1393 年）张昺被调入兵部，任尚书之职。这位进士及第的文官，竟然管起了国家的军政大事。遵照圣意，先核定全国军队屯田、驻防、国都司、卫所。共设都司（都指挥使司）十七，留守司一，内外卫所三百二十九，守御千户所六十五。张昺驾驭这方面的工作，实在是轻车熟路——因为，这些军务，要比在户部时的核定全国田亩、赋役、户丁和随粮定区简约得多，只不过是核实、汇总、建档造籍而已。为了尽快完成这些面上的工作，张昺恳请圣上，调拨了他在户部时带领的国子监太学生们。仅用了不到半年的时间，上述各项工作就已大功告成。洪武二十七年（1394 年），这些国子监太学生们，又被派遣回户部，分行天下，督修水利。大明朝的兵部尚书，如同其他朝代一样，将其别称为大司马，是统管全国军事的行政长官。

当时，张昺和国子监的太学生们到福建核查卫所时，闻听倭寇猖獗，百姓经常受到侵害，海防吃紧。这些事情，当时不归他管，但为了黎民百姓的生命财产、社稷的安危，回到朝廷之后，满腔热血的他，在复命奏报时，特意向圣上详情禀报福建倭寇、海防之事。并且，还提出了他深思熟虑后的对策。洪武帝欣然准奏，随发八百里加急诏旨，拨发专款，责令周兴在福建沿海筑城，增设巡检司，及时防范倭寇骚扰……

张昺的这些建议与对策，不仅巩固了海防，解了抗倭骚扰的燃眉之急，还有效地保障了沿海百姓的生命财产安全。

上述海防之事，仅是张昺另奏事宜之一。他还顺便奏报了此行所到之处，在民间获悉，锦衣卫私设公堂、滥用酷刑的暴虐行径。并且，还陈述了防范、杜绝措施。洪武帝闻言大吃一惊！当殿责令，焚烧锦衣卫私设之刑具。从此之后，囚徒交由刑部审理……

核定全国军事屯田事宜的告竣，为巩固国防和军费开资，提供了丰厚的物质基础。

年轻有为的张昺，对大明朝安危的突出贡献，更令洪武帝刮目相看！

兵部军务纳入正规之后，朝廷为了褒扬、奖励张昺，特意恩准了一个月的探亲长假。直到是时，他才又想起了上次公出顺便回家时，家中三代的窘迫与艰辛。于是，他又是归心似箭。

张昺忠心报国，殚精极虑地密切关注着社稷的安危、国民的太平。他无论身任何职，走到哪里，只要是看到、听到亟待处理的国、民大事，都会及时向圣上建言，提出解决问题的具体措施。例如：正像上面所说的福建倭寇骚扰沿海之事那样：所到沿海地区，民众对处境不安呼声很高。于是，回朝之后，及时向朝廷奏明，并提出了趁建国后政局相应稳定之际，出资巩固海防、抗击倭寇；为长治久安，还提议加长、加固修筑万里长城等。明朝的万里长城，在中国历代中最长，有着张昺的建言献策。他的这个提议，正迎合了洪武帝巩固边关、海防的心意。于是，圣上很是赏识张昺忧国忧民、长治久安的方略。他的多次建言献策，都是切中要害，解了朝廷的危难之急。

洪武帝把张昺调入兵部，有着主观与客观的因素。当时的兵部，建国不久且谋逆案件殃及，朝廷统治驾驭很是吃力；还有一层意思：洪武帝很是崇拜关圣公，张昺面色红润，四方脸庞，形体矫健，行走虎虎生风。如此的仪表，就是站着不说话，也很是威风，震慑性极强，那些个谋逆作奸者岂有不惧怕的？ 张昺任兵部尚书时极端负责，防守周到严密，管理、训导戍士守卒有方，对于统领部队很不含糊。他本来就喜欢骑马。调入兵部之后，正应了他的骑马爱好，轿子形同虚设，经常闲置不用。

张昺调兵部之前，驻京卫所如一盘烂棋，一堆散沙。

首先，是朝臣人心浮动，尤其是兵部。大明建国之后，胡惟庸、蓝玉案等宗宗不断，牵连者俱多。

其次，驻京卫所普遍意志消沉、警惕松弛。由于朝臣大案连发，人人自危，不做长久打算。形成了“今日有酒今日醉”的得过且过应付局面。

京城驻军麻痹大意思想严重，歪风邪气上升，认为大明已经建立，就应“刀枪入库，马放南山”。洪武帝的每次规模性杀戮，都使得将士们的神经绷得很紧，由过分敏感变得麻木不仁、萎靡不振，斗志不高。此种思想支配，反应出的生活现象是极端涣散。将士公然宿娼嫖妓、争风吃醋；聚集猜酒行令，吆五喝六得东倒西歪是家常便饭；看戏上瘾甚至捧伶，拜名伶为师、学艺；有的当班在岗竟然携棋带牌，随时对弈。如此这般还觉不够尽兴，决心一比高下为快。聚众显露精彩棋艺牌技，甚至谋划出资，修建棋牌堂馆，当起了后台老板……一句话，士气低落，正向着腐败堕落的深渊急促滑落。对于这些，张昺看在眼里，急在心里！

看到如此境况，张昺深感事态严重，压抑得喘不过气来。他在调入兵部之前的那些个部里，主要是实地普查，统计数字、上下情互达之类的繁忙公务。只要人不懒、肯吃苦、勤总结经验教训、忠诚正直就行。返京回部期间，偶尔闲暇之时，在市井、街面上，也会耳闻目睹那些猥琐鄙逆者的失态、反常怪象。但只是觉得苗头不对，需要尽快遏制。本想抽时间整理成文奏与圣上，并不知晓这些个深层次的乱七八糟、污秽不堪！如今身处泥潭污沟，实在是触目惊心！严明军纪刻不容缓！

想到此，张昺只觉欲哭无泪：无论把万里长城修筑得多么坚不可摧，都比不上官兵士气的众志成城！部队、卫所的军容军纪，才是大明朝的坚强柱石！为了彻底解决这些问题，他耐下心来，详细充分地深入调查之后，婉转地上奏了洪武帝——生怕再度大肆杀戮。

首先，他如实奏明了当前在京官兵的一些状况，以及军队言行失控引起的可怕后果；然后，提出了整顿军规军纪、尽快提高将士战斗力的设想。并且，拟出了整顿军纪的十项措施。洪武帝闻言震惊愤怒：自建国之日到如今，他还是破天荒第一次从张昺的奏事中，真实地得知了驻京卫所腐败至极的事情！与之同时，深感问题极端严重，也体现出了张昺的忠诚精干！他奏事刚毕，洪武帝就当即宣旨：在京卫所、部队将士，乃国家机器柱石，朝廷唇齿耳目；壮我军威，保持旺盛士气尤为重要！并且，还令立即将张昺的整顿军纪十项措施转为下发明旨，尽快付诸实践。

张昺提出的整顿军纪十项措施是禁止在京军官、军人学唱、下棋、蹴圆（踢球）等。为了彻底杜绝在京卫所的不务正业、歪风邪气，洪武帝还加上了更加严酷的惩治措施：违者分别处以割舌，断手、削足等。明初刑罚虽是矫枉过正，但并非张昺所愿。但从另一方面来看，洪武帝对在京卫所官兵的腐败现象深恶痛绝！是张昺的奏言，为洪武帝提供了真实的依据。由此可以看出：张昺对于朝廷的忠诚！

于是，整顿在京卫所官兵思想、生活作风全面铺展开来。然而，欲要提高士气，增强战斗力谈何容易？卫所涣散的时间长了，皇帝杀戮功臣的现实让军队的人心凉了。常规的训练中断已久，形成了自由懒散不出操、不练武的习惯。这种涣散成性的军队，怎么会具有战斗力？怎么会士气高涨？治人先要治心，张昺首先从提高思想认识、鼓舞士气入手。为此，他可是下了一番功夫。

他运用自己的渊博知识，编写了在京卫所整顿军容军纪专项教育读本。历代骄兵必败的典故，以及越王勾践卧薪尝胆的复国故事，诸葛孔明为蜀国谋得三分天下的励精图治，春秋五霸齐桓公由弱变强的史实……这么多一个个有趣的故事，很具有教育性、说服力。从读本中折射出的军容军纪严明与涣散的利害关系，真是不言而喻。用今天的话来说：是寓教于乐，寓理于情。每个故事的后边，还都附有思考题，供讨论交流学习内容、思想认识所用。特别是思考题中要求“有表情讲述这个故事”的题目，将士们都觉得有趣，争相上台讲述、发言。将士们都说：咱们的尚书大人肚子里的墨水儿喝得多，晓古知今，是位了不起的大“秀才”！大家言谈话语之中，流露出对尚书大人良苦用心的钦佩、感激之情。所以，对于他的这种说服性教育，皆能欣然接受，并落实在了言行之中。虽然，张昺是响当当的进士及第，但军界有几个晓得？只认为“秀才”最有学问。所以，就尊称他为“秀才”尚书大人。更有不少正义感强烈者拍手称快，说这样深入人心的教育方法，唤起了将士们的良知，卫所又有了方向与希望！试想，军人们谁不想当英雄？谁不愿打胜仗？只要言之有理，军队是以服从命令为天职的，谁还敢胡作非为？俗话说：“思想支配行动。”将士们思想通了，认识提高了，心情顺畅了，自然就呈现出了积极出操、练兵，按时起床就寝的部队作风。经过一段时日的整顿之后，在京卫所呈现出了一派生机勃发的可喜局面：歪风邪气下去了，大部分官兵的正气树立起来了，决心效忠朝廷，保家为民！对于这样巨大的转变，朝臣们钦佩，洪武帝赞赏！

张昺的这些举措，对于大部分将士是卓有成效的。但是，那些个别依仗权势、横行霸道、放纵惯了的“国戚族”“驸马团”，还有那些燕王朱棣的嫡系与眼线，总是伺机恶搞、造谣中伤。他们狂妄惯了，不怕，也不在乎整顿制裁，而是一如既往地我行我素。对于这些阴暗面，张昺看在眼里、记在心里，寻找着适当的时机应对。他很果敢，不怕他们，但是也不想把事态扩大，以至于给圣上招来不必要的烦恼。

张昺一心扑在军务上，步步为营地治理着天子脚下的军界，终于使得军威焕然，军纪严明，战斗力猛增。之后，他又具体规定了卫所各部的行为规范：日常起居、训练、驻防、交接等各项军务的规章制度。他依照章程部署、督导与验收，及时总结、表彰与处罚。仅用了一个多季度，在京每个卫所，面貌焕然一新，步入了正轨！

然而，他的公务起色、大小事亲莅，是以亲人的付出为代价的。

前面所说的张昺小儿子“小五儿”，因在娘胎里就缺乏营养，降生时母亲身体不济又难产，所以自打报到人世起就身体欠佳，不是伤风感冒，就是腹泻肚疼。都四个月大了，身材矮小得像个初生的婴儿。夫人李氏孕期多病，产后身体虚弱。张老夫人一向身体不好，终日里还得为他们娘儿几个操劳，经常累得腰酸腿痛、筋疲力尽。李氏瘦得皮包骨头，面部蜡黄得吓人，连脚、手、眼珠子都是黄的！女人厌食、没有胃口，婴儿嗷嗷待哺、没有奶吃，灌些汤水，他又不肯喝，尽管

哭得少气无力，但还是哭哑了嗓子，挺可怜的！又过了一段时日，李氏的全身就都泛黄了。张老夫人见病情日益加重，吓得请来了郎中，给他们母子瞧病。原来，全都是“黄症”。当时所说的“黄症”，其实就是现在所说的“黄疸型肝炎”。

一边服着药呢，李氏的病情却不见好转。到了三月半头，李氏终日呕吐、发烧，已经支撑不住。小五儿呢，症状较母亲更重，黄瘦得身材更小。奶水本来就很有限，他还不乐意吃，实在是命悬一线！家中到了要出人命的地步，张老夫人心急如焚，只盼着儿子快点归家，救救他们母子性命。但是，张老夫人深明大义：自打儿子中举起，她就常给儿子讲“岳母刺字”的故事。尽管这个故事儿子知晓，但从她的口中讲出，就镶嵌在了张昺的脑子里。左右为难的张老夫人总是想：儿子在京忙于公务，怎好捎书打搅他呢？因此，只好整天拖着个病病怏怏的身体，请医问药，侍候更加周到。如此几日之后，李氏母子的病情，竟然有些缓解。张老夫人这才得到了一丝的心理安慰，舒展了眉梢。

张昺在兵部拨乱反正卓有成效，洪武帝赞赏有加！甚至，关心起了他的家人。当张昺回复还在原郡，高堂老母、内人身体欠佳时，洪武帝感慨地说：“如此肱股之臣、左膀右臂，竟然只身一人专心事公！难得啊，难得！”于是，特恩准火速返乡探亲一个月。

因到了春和景明的时节，张昺就婉言谢绝了钦赐车马，骑着自己的高头大马，带着程亨、张红返回家乡。他们打马回归，顺便体察沿途民情，观赏迷人春景，甚是惬意。但当他回到家中时，却是意想不到地吃惊！

虽然，张老夫人请来的名医很是了得，李氏母子经过服药诊治后，病情已经得到了控制，但是，包括张老夫人在内，祖孙三代人全都是面目黄瘦，身体虚弱得已经脱了形！两个大点儿的孩子呢，比上次回家时瘦了不少，衣裤邋遢，表情呆滞，但一看到父亲，竟然忍不住“哇哇”大哭！张昺一边安慰孩子们，一边问及母亲、妻儿病情。他懂得医道，上学时跟先生学过。入仕之前，他不仅是全家人的保健医生，还经常为乡亲邻里医治头疼脑热病灾。为官之后，一是自己身体健壮，整日里忙于公务；二是不常回家，更不要说给人看病，所以医术长时间没用。但是那是自幼学的，随手可以拈来。经过仔细诊脉，祖孙三人的病情已经清楚：母亲虚脱，心肝脾肾急需调治补养；妻子由于久病，已经贫血得厉害；小五儿和他娘都得了“黄症”……

张昺，这位从不沾手锅碗瓢勺的高官，这次探家主要是给三代老小医病，其次就是操持家务、整理内外和请医抓药。郎中仔细了解病情之后，反复与张昺切磋用药。然后，才是煎药、端汤捧水，悉心照料。仅只是几天的时日，三人的病就都有了好转。尽管他把岳母、舅妈和姨娘等近戚全都接到家中帮忙，但荒废了多日的家务，到处都是脏兮兮、乱糟糟的，几位长辈怎会忙得过来？他和程亨、张红，见老人们力气不足，就争抢着干活。

一个月连来带走，时间过得真快！这次探家返京，他倒反常得十分割舍不下：母亲的顽疾一时难以医好。妻儿虽有不少的好转，但还没有痊愈。这种病如若复发，后果不堪想象。这其中的严重性，他是心知肚明的。在离开家的头两天夜里，他整宿都难以合眼。最后，终于痛下决心，要把全家人都带到南京去，安置他们住在身边，也好随时照顾。似以前那样地三五个月回不了一次家，恐怕全家三代人的性命难保！

张昺是孝子，他要与母亲商量通。老夫人张氏想想也是：自己身子骨一向不济，指不定哪天就会撇下他们撒手西去。家乡山高路远，离京城千里迢迢，万一哪天自己“走了”，撇下他们母子如何是好？想到这里，老夫人点头同意进京。张昺悬着的一颗心，才算是放了下来。

张昺回到京都南京，马上面圣复命。当皇上得知家中人等有病，险些耽搁性命时，歉意地说：“张卿，你为社稷险些耽搁了家眷，令朕于心何忍？”洪武帝沉思片刻后又说：“这样吧，你家里多人病着，不易耽搁。我这就下旨安排府邸；尽快回去接他们来吧！”

最后的一句话，解了张昺之难：本来，上殿之前，他还在寻思着如何复命，附带提及家事，但又觉得实在是难以启齿与母亲商量好的迁居之事！这下好了，圣上替自己说了出来。想到此，立即撩袍跪倒，叩头谢恩：“谢主隆恩！臣更当肝脑涂地，效忠朝廷！”

洪武帝“哈哈”笑道：“哪里话，应该的，话可别说得这么严重！这样吧，趁公务还没接呢，赶明儿先去接家眷来京！”

次日，张昺启程返回原郡，不日后将全家接到了京都兵部尚书府邸。公务之余，张昺悉心照顾母亲，并将两个孩子送入学馆念书。

礼部尚书亦适应

全家团聚的日子过得真快，不觉已到初夏。根生土长在山西的张老夫人，过不惯南京湿润梅雨的季节，不时向儿子提出回老家“消夏”。说得次数多了，张昺心事重了起来：母亲年轻孀居，拉把自己长大成才很是不易。况且，她老人家

身体一向衰弱，舅父母都已经谢世，表兄弟们又都各自忙着自己的事情，哪有时间早晚侍奉？万一有个三长两短，如何是好？那日，母亲笑着问他：“昺儿，您说，甚叫孝顺？”

张昺心里打了个激灵：“说甚呢娘？孩儿我做错了甚？”

张老夫人笑道：“我儿子哪都孝顺，就是不把娘的话当回事儿！再不让我回老家去，从此饿死算了！”

虽是两句笑话，却把张昺说得心里沉甸甸的。无奈，只好吩咐程亨护送老娘、幼子和夫人李氏回返原郡。

其实，张昺的母亲已经享尽天伦之乐。独根苗儿子官运亨通，儿媳妇李氏贤惠孝顺，还为张家生了一大堆的男娃。孙子们整日绕膝嬉戏，吃穿花用自不必愁。这位幸福的老夫人啊，甜蜜得经常在睡梦中笑醒！但是，她那早已亏损的身体不容乐观。稍有不慎，就会意外离去。

正当张昺公务有声有色之时，山西的八百里加急家书抵京。张昺急忙打开信件看来：呀！大事不好：母亲突逝！刹那间，张昺如同五雷轰顶，撕心裂肺得顿足捶胸！于是，立即上疏返乡料理慈母后事。折子很快批复，洪武帝还特意安慰一番，又下拨了善后专项银两，以示优隆。张昺平日里公干都爱骑马，更何况这是奔丧？于是，只带了近戚程亨、侍卫张红，骑着那匹千里黑就上了路。由于心里十万火急，一路快马不断加鞭，晓行夜宿、餐风露宿。数日后才到达家中。

原来，母亲和妻儿都随他住在南京官邸。由于他的公务不断调换，出京办差的时间也较多。张氏老夫人爱咳嗽，冬季里南京温暖，她的病自然也就轻些。但是到了夏天，闷热的天气令她非常难以适应。经过多次与儿子“协商”，才允准他们祖孙三代五人返回原籍“避暑”。回到家中的母亲，见到了久违的亲戚朋友和邻里乡亲，每天都能吃上家乡的地道小米，整天乐得嘴都难以合拢。李氏孝顺，从不让婆母下厨做饭。为了让婆母吃得舒心，她不怕麻烦，经常换着花样调剂饭食。眼看着中秋佳节已近，李氏做了婆母最爱吃的扁食（饺子）。这饭轻易不吃，为了让婆母多吃些，她就专门留出了一大碗。这本来是孝心，却断送了婆母的性命。

山西泽州高都党庄里胡儿岭的八月已经比较寒凉。十四日那天早上，不懂事的小四张智，掀开了厨屋饭桌上的那碗饺子，扣着自己的嘴巴不敢吃，时不时地大叫：“奶奶！”

原来，张昺有个家规：凡是吃东西，都要先让母亲吃，然后才是孩子和自己，李氏最后“打扫战场”。

听到孙子叫，张氏老夫人急忙从堂屋里出来。到厨屋一看：张智扣着嘴巴的馋猫相令她忍俊不禁。于是，她洗了手，先捏了个扁食放在嘴里嚼着，又捏了几个放在手上，示意四孙子“吃吧”。等到李氏给小五儿穿好衣服，抱着到了厨屋后，张老夫人和小四的饺子都已经吃了下去。李氏惊慌地问道说：

“娘啊，这天儿都凉了，您怎的没等我给热好就冷着吃了呢？”

张老夫人不好意思起来，转身回了堂屋的里屋。

山西民间一日两餐，早饭就吃到了中午前。等到李氏到屋内叫婆母吃饭时，张老夫人已经不会言语。原来，她一向脾胃不好，大清早吃了几个凉扁食后，工夫不大就肚疼起来。接着，又连泻了几回，就天旋地转地栽倒在了床上。李氏那个后悔呀：本来头天晚饭就吃的是扁食。还没等消化完呢，早上又吃了几个凉的，不该呀！哪有卖后悔药的？尽管她赶快请人救治，张老夫人还是离开了人世！李氏愧疚得要死要活：没脸向自己的夫君交代！张昺家平日里睦亲和邻，哭声惊动了街坊和乡约里保！于是，当日便将此噩耗层层上报。便有了前面的“八百里加急”家书之事。

接到快报，张昺立即上疏恳请丁忧，一路泪眼蒙眬地奔丧回归故里。回到家里，无论张昺如何悲痛欲绝，母子们还是没能够说上一句话。按照当时的民俗：老夫人应当在家停丧七七四十九天。这可难坏了洪武大帝。思来想去，下了一道恩旨。除了敕封张老夫人之外，还赏赐了大量财物丧用。这一切，是为了“国家用人至急，恩准将停丧守孝改为四天九个时辰”。无奈，张昺只得谨遵圣命。其实，他是在丁忧期间，奉钦命返回帝京，授任于礼部尚书的。

明代的礼部尚书，是主管朝廷礼仪、祭祀、宴餐、贡举的大臣，序正二品。张昺宣调礼部尚书，时值洪武二十六年（1393 年）九月，洪武帝为兼顾朝廷命官紧缺、张昺丧母丁忧，就将其调到了礼部。

尽管张昺突丧慈母心情不佳，但忙起公务来恪尽职守。大明建国初始，只顾忙于军务和恢复生产、复苏经济，却忽略了礼部的日常政务。张昺当时任此职，正好补齐了这段空挡。他认为：朝廷礼仪，反映的是国家的教化，权贵、百姓文明程度，以及各项集体活动的榜示规程。抓好这项事业，对于提高国民道德水准和维护社会治安大有益处。因此，一段熟悉情况和对有关方面考察之后，便开始了圣上所颁发的取名禁令：禁止百姓取名太祖、龙孙、圣孙、皇孙、王孙、太叔、太兄、太弟、太师、太傅、太保、大夫等字样。这件事他虽不愿为，但效忠朝廷是份内的职责。一段时日之后，此项禁令就已颁布全国，开始执行。

第二件事情是审核把关刘三吾等修《孟子节文》。经过仔细审阅，按照朝廷的指令，删去了原书稿中与尊君有碍之语后，向皇上复命。很快批文下达，拖了几年的《孟子节文》书稿，终于得以出版面世。其实，明代的文字狱，主要是草根皇帝的避讳太多所至。主管这项事务者，只不过是文字舞台大戏里的跑“龙套”者而已。

紧接着，又着手《祖训录》事宜。

《祖训录》是明太祖朱元璋主持编撰的明朝典籍。内容是为巩固朱明皇权，而对其后世子孙的训戒。最初名《祖训录》，撰于洪武二年(1369 年)。六年书成，朱元璋亲自为之作序，又命礼部刊印成书。大明首位君王是为了万代江山永固，很注重此书，于洪武九年又进行了修订。张昺到任之前，修订过的此书稿就早已置于礼部案首，但却没人敢再提出异议。洪武帝急于召回丁忧的张昺，主要就是为了此书的修订之事。他晓得张昺文采好，勤政而且忠心，所以定要经他的手完成此项工作。

张昺秉公认真修订，认为总的来说完备全面，文字功夫上乘。但是，既然是修订，就要忠言相告：一是将书更名为《皇明祖训》更为妥帖；二是把首章的《箴戒》也相应改称《祖训首章》。关键时刻显露才华，是洪武帝最为赏识的。复旨那天，朱元璋当殿夸赞了张昺，并让其再次严格审阅。

是年，工部被张昺提议提前到任的太学生们，都盼望着张昺带领他们督察水利。所以，工部三番五次向朝廷要张昺。洪武帝无奈，只得以大员（序正二品）巡视为名，让太学生们跟随他督察河务历练。离任时，张昺忠言上奏：《皇明祖训》内容、行文、章节安排都很恰当，建议付印。洪武帝纳言，于是才有了洪武二十八年（1395 年）的《皇明祖训》。颁发之时，张昺正在督察丹河途中。

所谓“能者多劳”，正应了张昺先后在中央六部中五部任职的亲身经历。

钦差丹河妙诗成

洪武二十八年（1395 年）春，全国各地大规模治河，民众干劲热火朝天。早在头年冬天，工程收尾告一段落，成效显著、空前未有。明朝洪武年间的治理水患工程，可以说是长治久安。在之后的数年里，都未有再发生过大的水患。这年，张昺的足迹遍布各个治河战场，尽心尽力地督察着河务。

因为张昺熟悉河务与水利，所以洪武帝不断钦点他深入实地督察河务。他经常风尘仆仆地蹲在下面，及时写成奏章如实上禀。远的不说，到河南怀庆府（今焦作、济源两市辖区）巡察河务之事，就有诗为证。

所谓督察，其实就是奉命巡察，深入了解具体情况，为朝廷决策提供依据。

这样的钦差巡视大员是临时职务，官居正二品。虽然对于早已官居正二品的张昺来说并非升职，但为朝廷直接委派之心腹大员。洪武帝之所以一开春就如此抓紧行事，是有他说不出的不放心。在此之前的两次洪灾中，国家和民众受到了巨大的重创。灾后疼定思痛，决心“亡羊补牢”。为了准确掌握真实情况，就选派了忠实可靠的张昺。他奉命即行，不多日就到了怀庆府地域。顾不上休息，直接顺着丹河边而上。

丹河之水源于山西，北面不远处就是东西走向山脉的巍巍太行。望山兴叹，想起了生养自己的祖籍山西。极目远望，丹河自西北流向东南，蜿蜒曲折好不壮观！看到它的平静温和，想起了洪汛中的“为非作歹”，不觉心潮澎湃！望山溯源登攀，工夫不大汗珠就浸上额头。驻足眺望之际，即兴赋诗一首：

寂寞春山上，同人欠跻攀。云深千障隐，风定一泓寒。

扑面林花舞，循崖独鸟盘。自怜幽兴极，欲去屡蹒跚。

“好！妙！天人合一，意境深远！”随行、陪同的官员大声称赞！

这首即兴诗道出了他对祖国大自然的热爱之情，壮丽河山美景跃然诗中，充满了豪迈之情。此诗诙谐押韵，动静结合，文采、激情恰到好处，难怪众人争相夸赞！

钦差大臣张昺巡视丹河时题有此妙诗之事，《河内县志》有记载。

儒臣共同荐张昺

就在张昺奉命出巡督察河务之际，建文帝的心腹谋臣们举荐他出任北平布政使之职。对于张昺的秘密调防，其中最为重要的原因有三。

一是张昺年富力强，精明能干。正如前文所说：明洪武十五年（1382年），洪武帝诏令恢复科举取士制度后，又将山西定为兴修水利试点先行地域。张昺自那时起可以说是官运亨通。后又调入中央，六部任职五部，实在是一专多能的难得治国之才。加之张昺武功高强、文采出众，阳刚之气旺盛，平日里公出总是骑马简从，更升华了他在朝廷要员里的形象。所以，建文朝初始政局不稳，受密命被重用是必然的。

二是正直忠贞，是洪武帝的宠臣。早在张昺调入中央时，明初一大批具有治国专长的功臣宿将，都已被洪武帝戮杀。朝中剩下的老臣们不是明哲保身，就是昏庸老朽。形成了严重的中央机构治国人才青黄不接局面。尽管政局严峻，但洪武帝却要严把“忠贞”关，尤其看重北方官员——特别是山西官员。他认为：山西地域封闭，人心淳厚，真诚可靠。但是，洪武帝又多疑，对朝臣都要亲自多方留意。时间长了，他发现张昺每日早朝，无论是谁奏事，都在全神贯注地听着。尤其是在他对臣下宣喻、训示时，张昺下意识的尊崇之情憨态可掬。因此，他产生了几多垂怜之情。

洪武帝很是看重皇孙允炆，在与之谈论治国大事时，多次提及张昺忠诚，可以倚重之类的话题。

三是政局严峻，亟需人才。初登大宝的建文帝为巩固统治，不仅心里倚重像张昺这样年富力强的文武全才，更是把眼光投向了那些指点江山、激扬文字的新进文人身上。于是，有明一代最为文弱的书生领导班底“维新三臣”闪亮登场：方孝孺（翰林院侍讲），齐泰（兵部尚书），黄子澄（太常卿，同参军国事）。

政柄始握的建文帝及其三位心腹儒臣，对当时虎视眈眈的封藩保持了清醒的警惕。建文帝虽已顺利登上九五之尊宝座，但却如履薄冰般地小心谨慎。削藩，便是他要走的第一步棋。最令他寝食难安的是燕藩。于是，他们便把居心叵测、星夜南下奔丧的朱棣堵在了淮安，促令其归藩。此举对巩固年轻政权，起到了及时而又非常必要的作用。因为，燕王统兵挂帅多年，又屡立战功，兵强马壮，实力太强大了。明太祖在位三十一年，闰五月驾崩。皇太孙即位，定明年改元“建文”。遗诏中特别嘱咐：诸王不必至京师奔丧，王国所设的官吏，听从朝廷节制。这是太祖为身后之事的打算，担心诸王来朝会不服幼主，有人会觊觎大位，起而谋逆。接下来诸王兄弟之间的争夺皇位，骨肉相残，为祸不可胜言。但命诸王不必奔丧，还要节制王国，则用意显然在利用他们以防范诸王。此举招致诸王的极大不满。建文帝第一着棋就犯了大错，是为齐泰、黄子澄所误。

齐、黄二人是忠臣，但充其量只是治世良臣，难以担当削燕藩重任。

齐泰原名齐德，洪武年间，太祖以谨身殿为雷所毁，祷庙谢过，选择九年无过失的臣子陪祀，齐德为其中之一，因而赐名为“泰”。齐泰任兵部左侍郎时，洪武帝问边将姓名，他历数无遗；又问各地形势，他从袖子里取出一本手册，进奉太祖。其中记载异常扼要，太祖大为欣赏。尽管如此，但他只是具有参谋长的本事，不见得能够定大计、决重策。

黄子澄是严嵩的同乡先辈，以洪武十八年的会元身份，被选为东宫伴读。建文帝为皇太孙时，他仍侍东宫。一天，允炆太子在东角门与他谈起诸王难制时，黄子澄认为不足为忧：诸王护卫兵力单薄，倘有叛变，临之以中朝大军，其谁能敌?及至建文即位，以齐泰为兵部尚书，黄子澄兼翰林学士，同参国政。自洪武十三年罢相后，明朝无有名义上的宰相，所谓“同参国政”四字，其实就等于是宰相之任。

这样的班底，连建文帝也明白“百无一用是书生”的道理。他常常暗自伤神：万一燕王动起手来有谁出战？再加上心腹儒臣的极力推荐，建文帝就将最为机密的大事委于张昺。因为，儒臣们的忠荐，正中建文帝下怀。他必须及早做好削除燕藩的准备。

对于张昺而言，他是忠心耿耿，受命于危难。

建文削藩燕王惊

建文与儒臣班底对于削藩步骤多次秘谋。齐泰主张擒虎打头先削强，拿燕王开刀。黄子澄谋划杀鸡给猴看先削弱，从周、齐、湘、代、岷五王入手。因为，这些藩王在太祖时就有不法言行，削之有名。但要问罪周王，他与燕王是一母所生，削剪周王等于砍掉燕王手足。他们虽然举棋不定。于是就派李景隆以“备边”为名，经开封出其不意地将周王抓到了京城。这件事情发生在建文帝即位首月，朝臣看来都很意外，就连建文帝自己也觉得不妥，很想释放上述五位叔父。但齐泰、黄子澄却极力反对。一直拖延到八月，建文帝还是废周王为庶人，徙置云南，不久又召还。与之同罪被废的齐王榑，也禁锢在京城。之后，被废的代王桂关在大同；岷王楩徙置漳州。封在荆州的湘王柏虽文武全才，但因喜好道家之言，所以自号“紫虚子”。他徜徉在胜地之间流连自适，被人“告变”。朝廷遣使讯问，湘王怕无以自明而被诛。潭王梓被牵连到洪武年间胡惟庸谋反案中去，不仅畏惧自杀，还“阖宫焚死”。

上述政局使燕王大为不安。在此之前，“和尚军师”道衍就怂恿他谋反，他当时左右难决。深思熟虑之后，他招募奇才异能之士，秘密在府内后苑练兵。后来，又造了一座极大的“地下室”，周围筑了很厚的围墙，在里面铸造兵器。为隐蔽起见，还特意在地下室上面养了许多的鸭鹅，终日里“叽叽呱呱”地乱叫，以埋没“兵工厂”里的“叮叮当当”打铁铸造之声。燕王本来就有了准备，后又屡次受到削藩刺激，于是决意提早举兵。

但是，当时燕王的最大顾虑是三个儿子。是他自己为了太祖崩逝周年的祭祀，派去高炽、高煦和高燧弟兄三人进京的。他担心只要自己稍有风吹草动，三个儿子必先被杀。为了儿子们的安全，他上书称病，请求遣还三子。对此，齐泰、黄子澄看法截然不同：齐泰主张把高炽弟兄下狱，以震慑燕王；黄子澄则以为只有暂先放还，打消燕王的怀疑，然后再派兵突袭，将其一举全擒。他们二人争执不下，建文帝瞻前顾后，还是听了黄子澄的话，放还了燕王的儿子们，犯下了致命的错误。燕王的儿子们刚回到府邸，朱棣就与儿子们抱头痛哭：“我父子得以团聚，天意呀！

我事可成矣！”由此可见，是黄子澄解除了燕王的后顾之忧。

燕王善于权谋，笼络了一帮命运相同的“铁哥儿们”死党。代王朱桂是洪武帝的第十三子，封地在山西大同，距离晋王封地太原和燕王封地北平都比较近。他们看到建文帝废了代王，便想着是敲山震虎给燕王看的，都劝说燕王道：“如若再不起兵，就要重蹈兄弟们的覆辙！”

正如前文所言：建文帝之所以大肆削藩，是其皇祖父留下的决策隐患。据《明史》载：洪武帝欲立皇太孙允炆，诸王多不逊服，他自己也是心知肚明。忽有一日，允炆御驾东角门，召黄子澄问：“诸王尊属，各拥重兵，何以制之？”子澄对曰：“诸王仅有护兵，才足自守；万一有变，以六师临之，谁其能支？汉七国非不强，卒底亡灭。小大强弱之势不同，而顺逆之理异也。”允炆喜曰：“得先生谋，吾无虑矣。”然而，在实施生死攸关的削藩决策时，这些满腹经纶的秀才们就显然力有不逮。理论上的东西虽多，但沙场上的血战经验却全无。消瘦的建文帝连同他的一班“之乎者也”臣子们，走上了一条黯淡的不归之路。

燕王磨刀霍霍于建文元年（1399 年）七月，以“靖难”为名，起兵反叛南京朝廷，发动了四年之久的争权内战。这是后话。

张昺布政使北平

据史记载：明洪武三十一年（1399年），根据建文帝削藩部署，下诏：以张昺出任北平布政使、都指挥使，谢贵、张信掌北平都指挥使司，受密命监察燕藩。

早在建文元年（1399年）的闰五月，大明开国皇帝朱元璋，抱着对未来帝国隐患的忧虑溘然辞世，年轻儒雅的朱允炆，从皇祖父手中接过了帝国权杖。这位年轻皇帝很富于想象，为大明帝国取了个颇为明媚流畅的年号——建文。他雄心勃勃地要改变明帝国暴烈的政治局面，决心开创帝国儒雅清新文治之风。但是，愿望与事实却不见得能成正比例：事情远比他幼稚的想象要复杂得多。我们不妨从头说起。

当时的大明全国，共分为13个承宣布政使司。

明朝时，承宣布政使司为国家一级行政区。承宣布政使司的辖区，简称布政使司、布政司和藩司，负责一级行政区的民事事务。在正式文件中，避免使用元朝的“行省”一词。所以，在地名下加“等处布政使司”，但仍相当于元代的“某地等处行中书省”。布政使司设左、右承宣布政使各一人，即一级行政区最高行政长官。而一省之刑名、军事，则分别由提刑按察使司与都指挥使司管辖。布政司、按察司、都司合称为“三司”，皆为省级行政区最高机关。三司品阶以都指挥使司最高，其长官都指挥使为正二品，布政司次之，左、右布政使均为从二品，提刑按察使司之长官提刑按察使为正三品。明洪武九年（1376年）后，全国陆续分为十三个承宣布政使司，全国府、州、县分属之。每司设左、右“布政使”各一人，与按察使同为一省行政长官，即一级行政区的最高行政长官。“三司”皆为省级行政区的最高机关。

张昺受任的北平布政使顾名思义为北平地区最高行政长官，序正二品。张昺所任的北平布政使，是承宣布政史司。

承宣布政使司源于“朝廷有德泽、禁令、承流宣播，以下于有司”之意，在废除行中书省的同时亦改革了官制，将原行中书省的最高长官 “行中书省平章事”废除，同时将原先的行省平章事的副职“行中书省参知政事”改设为布政使，秩正二品。

据《明史·职官志四》载：“承宣布政使司。左、右布政使各一人，从二品。”又：“洪武九年改浙江、江西、福建、北平、广西、四川、山东、广东、河南、陕西、湖广、山西、云南诸行省俱为承宣布政使司，罢行省平章正事。除两京之外，定为十三个布政使司。初置藩司，与六部均重。”所以，全国的承宣布政使司，实际上是包括帝京的南京和燕京的北平直隶在内的15个承宣布政使司的。所以，当时叫作“两京一十三省”。后洪武帝为方便掌控和加强统治，又设置了总督、巡抚等官，布政使权位乃轻，降为从二品。承宣布政使的衙署是“承宣布政使司”。承宣布政使司（简称布政司），长官为布政使，掌管一省的民政、田赋、户籍，职务相当于今之省长兼常务副省长。张昺初任的北平布政使，除了掌管北平地区的民政、田赋、户籍之外，更重要的是“监察燕藩”，实质上是行使了“总督”职权。其品序正二品，朝廷在非常时期，再加上他本人的不计较，一向忠诚厚道、从不看重品序高低的他，由正二品的六部大员，调至北平布政使任上，名誉上是北平地区的最高行政长官，实际上是在行使军事密命。非皇帝宠信之心腹大员，是不可能担当此种责任的。当时的大明王朝，正在面临着燕藩的巨大威胁，政权岌岌可危。所以说，张昺受命于危难，是提着脑袋在尽忠职守。因此，时时都会有生命危险。

朱棣夺权欲日重

夺权皆为心不平

朱棣夺权的野心，来源于他所处的复杂环境与自身因素。他的的身世，始终是个阴影。

朱棣生于元至正二十年（1360 年）农历四月十七日，卒于明永乐二十二年（1424 年）。据正史记载：朱元璋与马皇后所生五子，长子是懿文太子朱标，次子秦王朱樉，三子晋王朱棡，四子燕王朱棣，五子周王朱橚。当时，秦王、晋王已死，继位的子嗣年纪尚幼，而燕王朱棣最具有实力。朱允炆怯懦得不敢直接拿燕王开刀，而是先从他的弟弟周王朱橚下手。正好当时恰有周王的儿子朱有爋，告发了其父欲要叛乱的密谋。朱允炆不失时机地派人包围了周王府，并抓获了周王，把他流放到了云南。随后，岷王、湘王、齐王、代王也先后被废。虽说燕王势力最大，战功也最多，但对朝廷的威胁也最为严重。建文帝清醒地认识到：不敢轻举妄动，只有伺机而行。他的这些谋略，正好为起兵反叛的朱棣，留下了充裕的运作时机。

朱棣的争夺政权，有着诸多的心理不平衡。

首先，是他隐隐约约闻知的“出身之谜”。正像历史上的一些正史记载的“潜规则”那样：往往是史官们为取悦圣上，会有意地掩盖一些历史真相。朱棣生母之事，就有一段曲折的隐情。传说，朱棣生母并非史书中所记载的马皇后。为此，许多历史学家都曾对朱棣生母问题作过考证，考证的结果聚焦在一位蒙古族女性身上：有人说她是碽氏，也有人说她姓翁吉剌氏或者是翁氏。这是因为：少数民族的姓氏，“翁”和“碽”发音相近，其实说的就是同一位女性。

这个碽氏正史中不见记载。史学家们想象：她是一位美丽大方的蒙古族宫女，有着那种北方少数民族姑娘独特的魅力，因此被朱元璋看中。她神秘地出现在了朱元璋的生活当中，生下两个儿子后，又悄无声息地从人间蒸发。据逸闻趣事风传：这位碽氏命运凄惨，生下第二个儿子后被赐自尽。在此之前，还曾受到过铁裙之刑。这种刑罚从字面上看，就是穿着铁裙子受酷刑，死后还无名分。当时宫中传言纷纷，朱棣因此在幼小朦胧的记忆里认为自己身世悲惨，并下决心长大之后要为母亲正名分。但他作为皇子，如果不继承大统，这个愿望就会成为泡影。所以，他从有意识起，就想着长大后一定要夺取帝位——这已经成为他朦胧的潜意识，入驻了他的灵魂。也可以说，这是他的思想动力。

朱棣对父皇册立太子朱标次子允炆为皇太子，心里甚是不服，觉得自己没继承皇位不公平。

早在洪武二十四年（1391 年），因秦王有过失被召还京师。又适逢有迁都之议，有人上书认为宜迁都西安，太祖深以为然。于是派太子朱标巡视关中，一则勘察形势，作为迁都的参考；再则考查秦王在西安之所为。

时值八月清爽天气，皇太子朱标在文武百官的恭送中出都渡过了长江，由徐州折而往西，经洛阳入潼关。此行前后历时三个月，十一月回京就病倒了。翌年四月不治英年早逝，谥号“懿文”。

白发人送黑发人，朱元璋精神重创，几乎崩溃：太子孝友仁慈，是他理想中的仁君，在他想来，内有仁君，外有强藩，大明帝国就会铁桶江山。然而，自己多年的理想破灭了，他忍不住失声痛哭，再立储君成了问题。按照历来的传统，太子薨逝或是被废，应该另择贤子为储。他仍要立嫡立长，是起因于田间泥腿子、博通经史的宿儒——翰林学士刘三吾的理论。是他建议立懿文太子的儿子允炆为皇太孙的。太祖依议于九月间下诏，以允炆入居东宫。这样的册封，可气坏了朱棣：“半边儿月”是朱标软弱无能的次子，他凭什么能够继承大统？自己文武屈指一数，又屡立战功，殁了太子就挨到了自己，凭啥就不能够当太子呢？在之后的具体较量中，更证实了他对允炆的蔑视、嫉妒与仇恨，从而又增添了他伺机夺位的心理。

朱棣认为：自己在诸藩王中实力最强，功劳最多。而侄子“半边月”无尺寸之功，他很是藐视。

说起太子朱标，朱棣抗衡不了：朱标是开平王常遇春的女婿。元妃为他生的长子名照雄，但幼殇。允炆是老二，为吕妃所出。允炆生来仪表缺陷，头盖骨偏歪。太祖经常摸着他的头叹息：“半边儿月呀！”但是，允炆年纪稍长后却聪明好学，太祖就另眼相看了。允炆自从被立为储君后，太祖就更是对他寄予了最大的期望，并亲自监督其上学，教导他处理政事。洪武帝为政尚严，而允炆像他的父亲那样秉性柔慈。每逢裁决之事，常济以宽大处理。他因此而颇受臣民爱戴。洪武帝甚是担心他的慈弱，经常教导于他。并且，欲为他打下坚实的基础。这话还得再说回来——

洪武帝共有26个儿子。洪武三年（公元1370年），他首次分封藩王时，才有十个。除最幼者鲁王檀只有两个月大之外，另外九子都分封到了东北至西北边境地区，依地势自东往西是：辽、宁、燕、谷、代、晋、秦、庆、肃九王。为加强国防实力，他令九王加紧练兵，每年都要举行“军事演习”。

对此，洪武帝谓允炆曰：“我把御外侮的责任交给诸王，边尘不动，让你做个太平天子。”

允炆答道：“敌国入侵，由诸王对付；诸王有异心，谁来对付?”

洪武帝默然，好久才问：“你意如何?”

允炆深思后答道：“以德争取其心，以礼约制其行。如若无效，削他的属地；再无效，改封他到别处。仍然还不知改悔，那就只好举兵讨伐了！”

“对!”太祖十分欣慰，“没有比你所说的办法更好的了！”

由此可见，朱允炆要裁剪诸藩事权，是早在身居储位时就有了打算的。因为，他感受到了叔父们的不逊与刺激。也可以说，削藩是征得皇祖父同意的。可惜，他说得头头是道，但付之实行时却有些草率过急——这是他所犯的错误。

建文新政，是坚持“仁德治国”。所以，建文帝大量起用饱读诗书的新进文官。这似乎应该说是历史的一种必然回归。但是，诸王却多有不服。

初登大宝的建文帝和他的三大儒臣最初还是有所作为的。建文登基，不仅减轻了对富户的严峻责罚，还大力鼓励发展农业、工商业，“天下卫所军单丁者，放为民”；还减轻了昔日太祖对江浙地区的苛刻田赋（当年太祖与张士诚激战时，因当地的富绅极力依附张士诚，故而太祖称帝后对当地进行了“复仇”）；并对全国都减轻赋税，“赐天下明年田租之半”、赈济灾荒等，通过一系列举措，使太祖时期趋于好转的经济状况，得到了更大的发展。在文治方面，建文帝和他的心腹儒臣们屡次修改、减轻了《大明律》中苛刻的刑法，宽刑省狱：“释黥军及囚徒还乡里”，使前朝不少冤案得以平反。史载，建文年间的囚犯比洪武年间少了近三分之二。就此而言，他是以仁政惠泽苍生万民的。

但是，正如前文所说，建文帝的致命弱点就是优柔寡断。在与齐泰、黄子澄、方孝孺多次商议削藩的大政后，还是下狠心定了下来。建文帝采纳了户部侍郎卓敬乃的密计：擒贼先擒王，先将智虑过人的燕王调离北平，然后其他诸王自然是噤若寒蝉了。

张昺正是在齐泰、黄子澄、方孝孺不约而同地举荐中，于政权不稳之际，出任北平布政使的。

对于建文帝的削藩部署，燕王是通过内线获悉的，并立即采取了相应对策：

上书称疾。建文帝对燕王心有忌惮，于是只能退而求之。他先是找与燕王颇有牵连的周王、湘王、代王、齐王等诸王下手，或召还回京锢禁狱中，或削职为民流徙外地；特别不听话者，干脆闹个“自焚宫殿”“投火身亡”的结局。他大张旗鼓地把这一系列颇为血腥的动作信息传递给了朱棣，朱棣自然不甘于坐以待毙。恰时，朱棣身边的僧人道衍鼓动他：反他个底朝天！既然诸王都没得做了，干脆反过江南去，把那些个傻秀才的座椅给抢过来坐！其实，就是姚广孝不提醒，朱棣心里也是这样想的。是的，他打心里从来就没有瞧起过他的侄子允炆。至于起兵夺权，那只是迟早的事。

所以，从刚开始削藩起，朱棣就坚定了夺权必胜的信心，相信自己一定能够用武力夺取帝位。无论付出多大代价，他都在所不惜。

朱棣最高权力欲的形成，有着皇室诸多的因素所致。这话，还得追溯到太祖时期。

综上所述，朱棣心里甚是恼恨父皇确立的皇储。

洪武十三年（1380 年），21 岁的燕王自南京“就国”到当时被称作北平的燕京。两年后马皇后崩逝，已经就藩的秦、晋、燕、周、楚五王，都入京奔丧。燕王入京奔丧被阻，心里十分不平。他在京遇到了和尚姚广孝，鼓动他有所动作，加剧了他人生的改变，重写了明朝的历史。

姚广孝是苏州人，父亲行医。13 岁时，姚广孝出家做了和尚，法名道衍。后又拜席应真道士为师，学习阴阳术数，道行颇深。马皇后驾崩之后，太祖选拔高僧分侍诸王，以便归藩之后，为马皇后做佛事祈福。道衍在与选之列，跟燕王一见投契。燕王请道衍随侍，偕回北平。

燕王从那时候起，更加坚定了争夺皇位的“雄心”。然而，世事弄人：太祖却正在培育新的皇帝。早在洪武初年，他就对太子标展开了有计划的教育：先是选拔国子监的高材生为太子伴读。读书的地点名为“大本堂”，有《明史》卷一百十五见证：建大本堂，取古今图籍充其中，征四方名儒，教太子诸王，分番夜值；选才俊之士充伴读。帝时赐宴赋诗，商榷古今，评论文字无虚日。命诸儒做《钟山龙蟠赋》，置酒欢甚；洪武帝亲作《时雪赋》赐东宫官。

如此这般到了洪武十年（1377 年），23 岁的太子学业已成，太祖进一步命他见习政事。

十年下令：自今政事并启太子处分，然后奏闻。谕曰：自古创业之君，历涉勤劳，达人情，周物理，故处事咸当。守成之君，生长富贵，若非平昔练达，少有不谬者。故吾特命尔日临群臣，听断诸司启事，以练习国政。唯仁不失于疏暴；

唯明不惑于邪佞；唯勤不溺于安逸；唯断不牵于文法，凡此皆心为权度。吾自有天下以来，未尝暇逸，于诸事务唯恐毫发失当，以负上天付托之意，戴星而朝，夜分而寝，尔所亲见。尔能体而行之，天下之福也。

繁忙的见习政务之暇，太子依然还要读书，儒臣常进讲圣经贤传。俗话说：事情有着自身的两重性——物极必反。可能是因为如此“恶补”的缘故，太子的身体在年轻时便很孱弱。

作为燕王的朱棣，看在眼里，恨在心里：都是父皇的儿子，他凭啥就如此养尊处优？本来是庸才、饭桶，却要硬把他锻造成真金——真是枪头不快，努折枪杆儿！恼怒上来，他就摔东西、破口大骂：上苍如此不公！太子身体日趋衰弱，这本来是件坏事，但朱棣却窃喜在心——说不定，他还没有登上龙位，就会命赴阴曹！

总之，他认为：太子无能，身体又不好，自己是有机会的。

朱棣觊觎太子之位由来已久。

正如前文所说：洪武二十四年（1391 年），太祖派太子朱标巡视关中，前后历时三个月。十一月回京就病倒了。

在此行的前一年，太子朱标就生过一场病。他因身患慢性病而虚弱。关中之行又使得他旅途劳顿而旧疾复发，最终薨逝。太子英年早逝，对洪武帝打击很大！太子因孝友仁慈著称，是朱元璋理想中的仁君。然而，洪武帝的理想破灭了，忍不住面对群臣痛哭失声！

事实是严峻的：年事已高的洪武帝，还得面对立储国事。

朱标的逝去，令一向野心勃勃的朱棣看到了希望——他认为：这下可轮到自己了！他看起来表面上忧伤、平静，其实内心翻江倒海地激动，期待着！

因为，他是从战斗中学会了战争的。他有着诸多从失败中获取胜利的战功，还有着无数次残酷斗争的考验，已经掌握了战争的规律：从一个战争的爱好者，逐渐成长为战争的控制者；是准确的判断力和坚定的意志定力，使他最终具备了优秀将领的超人素质。他想：只有通过战争，才能显露自己的干练；只有实施战争，才能最终夺得政权。因为，他已经为之前的军旅生涯，交足了实战的学费。

朱棣本来心里就不平，太子之梦再次破灭之后怀恨在心，无时不在寻找时机。

是他的成长环境，造就了他顽强坚定的性格。在朱元璋未得天下之时，朱棣曾居老家凤阳，对民情颇有所知。洪武十三年就藩北平（今北京），多次受命参预北方军事活动，两次率师北征，加强了他在北方军队中的影响。朱元璋晚年，太子朱标、秦王朱樉、晋王朱棡先后死去，朱棣不仅在军事实力上，而且在家族的尊序上，都觉得自己应该成为诸王之首。

但是，他的心里却很憋屈——从小到大，父亲从来就不把自己当作人物看待。想起自己和太子朱标迥然不同的生活，他的心里就特别委屈。

照常理说，朱棣和太子朱标虽然皆为朱元璋之子，但他们的地位、生活和所受的教育却是大相径庭。朱棣的童年，正是朱元璋红红火火、日理万机打天下的时期。其中一段时间，朱棣生活在原郡乡下。那时候他就盼望：等到父亲得了江山，他会在皇宫里过上最为幸福的生活。然而，令他想象不到的是，父皇登基之后，却深受嫡生与长尊传统思想的影响，只将注意力和期望值放在了嫡长子朱标身上，并顺理成章地册封他为皇太子。更使朱棣不解的是，除太子朱标之外，父皇几乎不顾及其他儿子的教育与成长——也包含自己。这种反常令他愤懑。

朱棣曾有幸随军。但父亲打江山时，麾下的将士们有学问者不多。除李善长是主动投奔之人外，大部分文人都是“请”召而至，心里有着诸多的不情愿，所以情绪普遍不高，更不愿主动教小孩儿知识。这些“请”来者，便是实际生活中的威胁、拐骗、绑架等。如刘基、叶琛、章溢等都是如此“请”来的。读书人只图混碗饭吃，哪里期望“宏图大业”？

此种环境注定了朱棣从小整日见到的都是拿着明晃晃刀剑、穿着厚重铠甲的将领和手缺脚残、身负重伤的士兵；耳中终日听到的都是今天砍了几个脑袋，昨天抢了多少东西之类的、儿童不宜听闻的话语。他在潜移默化中被同化了。所谓的“近朱者赤，近墨者黑”正是这个道理。

即使是生长环境逐渐变好，朱棣也从来都不是朱元璋教育的重点对象。他缺少像宋濂那样的学者教导；虽有皇子名分，但却似乎并无皇子尊位。假如以学习成绩来划分的话，皇太子朱标是优等生，而朱棣则是不用功读书的差生。

这是因为当朱标在舒适的皇宫中学习孔孟之道、圣人之言的时候，朱棣正在凄风冷月的大漠里徘徊，在满布尸首的战场上前行。并没有人教导他将来要如何去做一个好皇帝，如何统治臣民。对当时的朱棣而言，在战场上活下去就是唯一的目标。兵书是不管用的，别人的经验也不能照搬。而是想要在战争中取得胜利，就只能是依靠自己。

毛泽东主席曾对朱棣的文化程度有过评价——半文盲。当然，这个半文盲并非不识字，而是与当时的皇家教育水平不相当而已。

他与兄长朱标不同：成长的岁月里常与武将们为伍，对谈论战争饶有兴趣。即使是交友，也有着本质上的不同。他与表兄李文忠关系过密，时常一同出游。按理说这位皇亲国戚应该有助于他，但却力不从心。

李文忠是仅次于徐达和常遇春的名将。除了打仗之外，就无话可谈。虽说这

段经历让朱棣受益匪浅，学到了许多用鲜血和生命换来的军事经验，但在文化知识方面，却难以补给。他最为开心的，就是老表兄之子李景隆，那是他童年时期的玩伴。尽管疯玩起来很开心，但李景隆却是个军事白痴、蠢材，耽误了朱棣学习的宝贵时间。即使是在环境变好之后，朱棣也从来都不是朱元璋教育的重点对象。用通俗的话说：耽误了饱读诗书的大好光阴。

朱棣就是在这样的环境中成长起来的：母亲身份低贱，得不得父皇多少宠爱，且又受尽酷刑被赐死。自己又生在“半中间”，上有三兄、下有二十二弟。虽贵为皇子，但却很少有人关注，酷似路边野草一般地无人疼爱！再看看兄长朱标，却享有一切优厚特权：用着尤物，文武百官见到就以隆重的储君礼仪跪拜行礼，诚惶诚恐……一想到这些，他就恨得咬牙切齿：非把“天”给翻个个儿，让所有人都瞠目结舌不可！在这个大家庭里，要想得到什么，就必须靠自己去争取，一定要做成功者！

早在洪武二十三年（1390 年），他就看到了自己人生舞台上的希望：太子薨逝。

依照传统而论：薨逝太子或是被废，就应另择贤子为储。但是，洪武帝仍坚持立嫡立长原则。于九月间下诏，以允炆入居东宫。

这个决定令朱棣非常意外：自己能征善战、屡立战功，兄长逝去应当轮到自己；允炆不仅是长兄的次子，生来还仪表缺陷，头盖骨偏歪成了“半边儿月”；虽说自幼聪敏、读书长进，但也是纸上谈兵的酸秀才，并无治国安邦的才能。怎么会轮到他继承大统呢？不甘心啊！那么，咱就“骑驴看唱本儿——走着瞧”吧！从此，他的不甘心逐渐演变成了野心，又为他不择手段夺位注入了精神动力：定要靠自己的实力，取而代之大明皇帝。想到这些，他怒火中烧、愤恨无比！

于是，燕王便借戍边和“军事演习”为名，加紧招兵买马、训练部队、扩充实力，准备着有朝一日夺取帝位。

朱棣是借助建文帝的两次错误，逐渐成就了他的梦想。

朱允炆要裁剪诸王的权势，是早在身居储位时就想到的。因为，他感受到了皇叔们的不逊刺激与预谋，以及不惜兵戎相见这一个潜在危险。同时，他也是得到皇祖父认可的。允炆所犯下的两个错误，招致了建文朝廷的覆灭。

一是不许诸王进京奔丧，犯了大忌。

明太祖在遗诏中特别嘱咐：诸王不必至京师奔丧，王国所设的官吏，听朝廷节制。他担心的是：诸王兄弟之间争夺皇位，骨肉相残，为祸不可胜言。洪武帝遗嘱中命诸王不必奔丧，用意显然是防范诸王。然而，“百善孝为先”，谁都懂得这个道理。父皇驾崩，却不让诸皇子见上最后一面，实在是不近人情。不要说是一国之君，就是寻常百姓家也说不过去。朝臣为此纷纷议论“遗诏”真伪，诸王强烈反抗“没有道理”！极大的反感局面，形成了强烈的反抗：“太目无尊长、胆大妄为”了！建文帝的第一着棋就输了。表面上看来，是他的决策，其实是被齐泰、黄子澄所误。

齐、黄二人是中国历史上的忠臣，充其量也只是治世良臣，绝不能担当“削藩”重任。这些文弱庸臣，如何能够治理国家、防御诸藩？这也是建文帝的幼稚所致。

建文朝廷的第二个失误是：不该放还燕王的儿子们，解了其反叛朝廷之忧。

在此之前，诸藩就被削，燕王自然大为不安。再加上他早就受了“和尚军师”道衍的怂恿，所以决心谋反。多种因素促使他必须提早举兵。

但是，燕王有个顾虑。为了太祖崩逝的周年祭祀，他派去了高炽、高煦和高燧三个儿子进京行礼。如若谋反，儿子们必先被杀。关键的问题是：怎样才能召回儿子们。燕王善于权谋，思索再三之后，他上书称病，请求遣还三子。他原本只是抱着试试看的想法，却不料歪打正着。

对于是否放还燕王三子之事，齐、黄二人本来就难以统一认识，黄子澄就更是忙中添乱。他认为：不能知己，亦不能知彼，放还其三子看其反应。他以庸才而好用奇计为幻想，误事尤甚。齐、黄意见总是不协，建文帝便听从了黄子澄，放还了燕王的三个儿子，犯下了致命的错误，断送了一代王朝。

哎！庸才不自知为庸，反而还喜好表现，总是看天下人都不如自己聪明。未曾想：削藩图燕在当时朝廷中形迹已很明显，怎能够瞒得住燕王？怎敢拿国家社稷开玩笑？万一失败如何挽回？真可谓之掩耳盗铃，愚不可及！

其实，图燕大计早于洪武三十一年十一月就开始实施，主要是从政治、军事两个方面削弱燕王的力量。第一，已经派出礼部尚书张昺为北平布政使，他是北平地区的最高地方长官；同时，又以谢贵、张信掌北平都指挥使司，负责北平地区的军政，监视燕王。第二，建文元年三月，又派出都督宋忠等率兵三万，开拔屯平、临清、山海关。并且，还调燕王的部分精锐协防护卫。此举其实是变相地没收兵权。这些剑拔弩张的阵势，燕王难道还不明白朝廷的用意?而黄子澄居然还以为放还燕王数子，可以“示彼不疑”，岂不可笑之极！也可以说：黄子澄是燕王的变相帮凶，犯下了不可饶恕的大错！

燕王父子得以相聚，燕王喜出望外地说：“天助我矣，大事可成！”自此，他肆无忌惮，谋反举措愈发地密锣紧鼓！

朱棣城府极深，谋略过人。做起阴谋夺取皇位的大事来手段精道，瞒天过海。

甚至，有时是极端龌龊与卑鄙。有几件事足以说明。

私铸兵器是燕王图谋的主要计划，并使用连环计达到了目的。

他要起事造反，但朝廷防范很严。他要想出一个瞒天过海、两全其美的自铸兵器连环之计。

燕王府原来是元朝的故宫。也可以这么说，就是如今尚能看到的清故宫西面的那部分。为了篡位，他广招奇才异能之士。经多次密谋，扩充军备的计划终于付诸实践。

首先是练兵，地点选在府内后苑。这个所在不仅地域宽敞，而且隐蔽。即使府门有何意外，家丁通报也能来得及。其次是造兵器。为了掩盖声响，在苑内造了一座极大的“地下室”，周围筑了很厚的围墙，以减弱声响的传递。并且，在这座地下室的上面，还特意养了许多的鸭和鹅。这些活物哪里晓得它们的“挡箭牌”作用？一天到晚只管叽叽呱呱地乱叫，遮掩了地下室里传出的“叮叮当当”打造之声。尽管如此隐蔽，但终日里还是煎熬着他的五脏六腑，总怕事发招灾惹祸。于是，他只有提早举兵了。

但是，燕王也很怕朝廷真个遣派大军，包围逮捕他。加上当年六月燕王府长史葛诚上书告密他，朝廷还专门下诏责备。于是，他不能不设法遮掩行迹。

为达到目的，他上疏称病蒙蔽朝廷，终于骗回了儿子们，解除了最大的后顾之忧。

朱棣有着敏锐的政治嗅觉，他已经清醒地估计到了被削藩的严峻形势。他又看到了建文帝的软弱与无能。于是就抱着试试看的想法，上书称病，请求放还三子，使父子们得以相见。文弱的建文帝见奏折竟然动了恻隐之心，把残忍的政权之争看成了血脉亲情。加上黄子澄的撺掇，无原则之仁又使他放弃了原定的削藩大计，亲身葬送了自己的王朝。与其说是黄子澄和建文帝成全了朱棣，倒不如说反叛夺权只是迟早的事。称病仅只是借口而已，召回儿子们才是目的。所以说，朱棣称病请求放还儿子的试探竟然成功了，扫除了他最大的心理障碍，使他得以肆无忌惮地起兵，为夺取政权而找借口谋反。

朱棣是政治舞台上的出色演员，使用瞒天过海之术以假乱真。

他们父子得以团聚，夺权举措将要实施。但是，朱棣还是担心朝廷真的遣派大军包围、逮捕他。于是，善于权谋的他制造假象，玩起了装疯卖魔的把戏。俗话说，没有不透风的墙，六月间有人上书密告朱棣有谋逆行径。他通过内下得知之后，为了掩盖行迹，他只得装疯示弱，制造假象掩人耳目。

他是位装疯的好演员，情景形象逼真：在闹市中大呼小叫，衣着不整且语无伦次，身份那么高贵的王爷，竟然随意闯门入户，抢夺酒食并随即狼吞虎咽，吃相瘆人；行迹不定：不是路旁酣睡整天不醒，就是随意抓起“狗屎”塞入口中大嚼得津津有味。其实，他抓的“狗屎”，是道衍专门为他制作的红糖花生芝麻饴，预早放在了他的装疯之处，“吃狗屎”闹剧是演给路人看、造舆论的，可以说是瞒天过海。

消息不翼而飞，连监察他的张昺和谢贵都听说“燕王得了疯症”的消息，自然要去探问真伪。张、谢二人进至燕王府之后，眼前的一幕由不得不信：时值酷暑六月，燕王坐在火炉旁边，穿着厚厚的冬装还在发抖，连声喊冷……

对于此种假象，燕王府长史葛诚先于正月入京奏事时，就已据实具奏，其意不言而喻。建文帝很是上心此事：不但委于葛诚“卧底”重任，还悄悄密告了张昺、谢贵燕王装疯的内幕。

史学家们评价朱棣“得位不正”恰如其分：他不是采取正当方法行事，而是人格低下地说生道熟、装疯卖傻。为了达到目的，不惜丢弃人格，以致达到获取帝位目的，实在令人作呕、唾弃！

要实现自己的目的，就得找出夺取皇位的堂而皇之理由。

当他感到朝廷将会对自己动手时，在谋士姚广孝的策划下，建文元年七月自北平起兵造反，美誉为“清君侧”。所谓的清君侧，指的是建文帝身边的方孝孺、齐泰、黄子澄是奸臣，需要铲除，称自己的举动为“靖难”：“靖”即平定、平息、扫平、清除意。“靖难”代表平定祸乱、平息战乱、扫平奸臣意。之所谓“靖难”，是堂而皇之的太祖成法中的“靖难”。说是为了保证朝廷正常，如若出现奸臣乱政情况，藩王可以带兵入京勤王，以“清君侧，靖国难”。朱棣正是抓住了这点，发动了所谓的“靖难之役”。实质即为藩王叛乱。是朱棣为了夺取政权找出的合理借口，竟然还厚着脸皮说师出有名！声称是为了捍卫正义而进军南京，推翻自己的亲侄子朱允炆的。实际上，是他自己要当皇帝，还说朝中有奸臣，迷惑、危害了皇上；皇上有困难，自己要去解救皇上，不得不发动战役。这种借口实际是欲盖弥彰。

朱棣觉得：自己既是皇族尊长，又屡立战功，大明天子就应是自己。

正如前面所说：洪武三年（1370 年），十岁受封的燕王，曾居于祖籍凤阳，对民情颇有所知。十三年（1380 年）就藩于北平，曾多次受参与北方军事活动，两次率师北征，招降了蒙古乃儿不花，并生擒北元大将索林帖木儿。他屡立战功，加强了其在北方军队中的影响。再加上朱元璋晚年，太子朱标、秦王朱樉、晋王朱棡等先后死去，朱棣不仅在军事实力上，就是在家族尊序上，也都成了诸王之首。洪武三十一年（1398 年）朱元璋驾崩，继位的建文帝朱允炆大肆削藩，一步步地逼近他的四叔，为燕藩朱棣发起的“靖难之役”内战，提供了口实。他不愿坐以待毙，举兵谋反是为时势所迫。

燕王针锋相对朝廷由来已久。自打建文皇帝登基，朱允炆、朱棣就都在磨刀霍霍，欲吃掉对方。亲叔侄为了大明朝的江山，竟然各自施展着招数。

朱棣是权谋的高手，能量远远超过他的亲侄子。既要夺取政权，就会找出充足的理由起兵成事。

建文元年（1399年）七月，燕王以“靖难”为名，起兵反叛南京朝廷，发起了四年之久的夺位内战。其由来分述如下：

其一是藩强之由。早在建国之初，朱元璋经过深思熟虑后决定分封诸王。他认为，元朝的灭亡是因为主弱臣强，是朝廷不得藩屏之助所致。因此，他决定让子孙们都为国出力，共同维护朱家王朝。让每位亲王都拥有被称作“护卫”的少量军队：少则3000人，多则15000人。虽然名义上亲王不得干预地方事务。但在紧急情况之下，亲王是可以调遣王国所在地的镇守兵将的。如此一来，每有军事行动，诸王都可以带领护卫随军出征。那些在疆场上叱咤风云的将帅，虽身为大将军，但也要受到这些年轻亲王的节制。在诸王之中，以燕王最被倚重。他兵强马壮，实力雄厚。

其二是“靖难”之借口。早在洪武帝当国时期，恐重臣篡权，就规定藩王有移文中央、索取奸臣和举兵清君侧的权利。朱元璋在《皇明祖训》中说：“朝无正臣，内有奸逆，必举兵诛讨，以清君侧。”朱棣正是以此为借口，说方孝孺、齐泰、黄子澄为奸臣，须加诛讨。并称自己的兵变为“靖难”，即靖祸肃难之意。后人称这场朱明皇室内部的皇位争夺战为“靖难之役”。

其三是燕王的谋国祸军。燕王正是抓住了《皇明祖训》这点含糊其辞的“漏洞”“举事”，实质上是藩王叛乱，是燕王夺权的借口与遮羞布。

这场为一己争夺皇位的“叔侄大战”灾难，从建文元年（1399年）七月六日（公历8月9日）端礼门兵变，到建文四年（1403年）六月攻克南京，前后历时四年，残害生灵无计其数。从北京打到南京的战争，死的主要是冲锋陷阵的普通士兵；老百姓饱受兵燹之苦，更是死伤无数。仅在济南被围困的三个月中，全城百姓十室九空！实际上，燕王皇位的取得，是以无数鲜活的生灵为代价的！

建文帝的削藩，敲震得燕王胆战心惊，觉得形势岌岌可危。

洪武三十一年（1398年）十二月，新皇登基的朱允炆，为防备四叔父燕王朱棣造反，采取了一系列措施。

到了建文元年（1399年）正月，燕王遣本府长史葛诚入京师金陵奏事，建文帝亲自召见。葛诚对朝廷忠心耿耿，以实奏秉燕王异状。建文帝遂以葛诚为卧底，关键时刻与受密旨的张昺、谢贵联系，预谋逮捕燕府官属。

接着是二月间，建文帝诏令诸王不得节制文武吏士。三月，又命都督宋忠屯兵驻扎开平，耿献练兵三海关，徐凯练兵临清。还调走了北平原属燕王管辖的军队，调兵屯彰德、顺德。所有这些布防，都不言而喻地警示燕王：朝廷要动手了！

到了三月，都督宋忠等率兵三万，屯开平、临清、山海关，并调燕王的一部分精锐护卫协防，作为变相的收兵权。这些剑拔弩张的布置，燕王难道还不明白朝廷的用意?还调集燕王的一部分精锐部队说是协助防御，正好顺手牵羊，以防御北地为由，夺取了燕王的部分兵权。建文帝从削弱燕王的兵力开始，强制瓦解燕王的实力。

燕王朱棣眼见诸藩王已被削黜，就谋划思变，要对付削藩劫难。于是，他双管齐下地做着准备。为有效地争取时间，他先是谎称装病，上疏请求朝廷放还三子回北平，见上最后一面。其言悲哀，其情甚切。建文帝动了恻隐之心，黄子澄又力谏“放还”“麻痹”。建文帝举棋不定，不觉又耽误了些时日。

朱棣的这些谋划，得益于洪武帝的笃信佛教。在洪武年间诸王初封之时，朱元璋都要藩王们选一僧人辅佐。朱棣就向父皇要了道衍到燕邸。之后，道衍又向朱棣推荐了术士袁珙。从此，此二人便成了朱棣的得力谋士。朱棣本来城府就深，再加上谋士的鼎力相助，真是如虎添翼。从那之后，朱棣还设法结纳地方文武官员，以培植自己的势力。

自此，建文帝加快了废黜燕王的步伐，密命张昺为北平布政使，手握当地最高行政大权；谢贵、张信为北平都指挥使司，掌管当地一切军政要务，加强监控燕王。

斗争的公开化是从建文元年六月开始的。燕府官校于谅、周锋以图谋不轨罪，被逮到京师处死。与此同时，朝廷还下诏切责燕王。燕王装出惊慌失措之举，竟然吓出了“疯魔之症”。

朱棣的佯狂只不过是缓兵之计，毕竟不能持久。他想在朝廷大军到来之前准备妥当：命亲信护卫指挥张玉、朱能率将士八百人入卫王城。是时，北平都指挥使张昺已接到了朝廷的命令，带领在城的七卫军队和屯田军士包围了王城，并用木栅截断了端礼门等通道。朝廷要削夺朱棣王号和逮捕燕府官属的密旨，也已下达到了北平。

张信泄密抱薪送

建文朝廷下的密旨，是令张昺和谢贵逮捕燕王府官属；张信逮捕燕王本人。但张信平时胆小怕事，摊上这样的大事害怕极了！他的母亲颇有心计，不断为他的仕途出谋划策。遇到朝廷此等大事，张信自然要与母亲商量。于是，便将受密命之事禀告了高堂。母子二人商量之后，决定背叛朝廷，密告燕王。所谓的“靖难之役”，张信可以说是暗地里的头号杀手：在张昺、谢贵和建文朝廷的背后，恨恨地捅了致命的一刀！接下来朱棣和姚广孝等密谋，决定伺机提早起兵，令张玉、朱能将八百勇士带入府中潜伏，以待变故。

综上所述可知：张信是靖难之变中非常关键的人物。正如前文所说：他自受命监视朱棣以来，一直心惊肉跳，其母问他为什么惧怕，他据实回答。张母大惊：“不可。汝父每言王气在燕。汝无妄举，灭家族！”

就此而言，张信其实就是只为一己一家安危的势利小人！他的心里阴暗，遇事左右摇摆不定，以生母为“军师”，哪里是治国的栋梁之才？建文帝与他的文弱班底们，都看走了眼！

库吏反叛兵变生

建文帝的削藩失败，除了燕藩自身的狂妄野心和军事才干等因素之外，张信与李友直的卑鄙泄密，卖主求荣起到了抱薪助燃、推波助澜作用。

燕王发起的这场争夺皇位内战，因起于端礼门，所以又被称作“端礼门兵变”。

建文元年七月，北平布政使司衙门小吏李友直，偷偷誊写了一份朝廷给张昺、谢贵的密旨，投靠了居心谋反的燕王朱棣。

且说这库吏李友直，是布政使司衙门抄写文书，兼库房保管的小吏。他早年颇具抱负，但满腹经纶只会理论，关键时刻总是不济，屡屡科考全都“名落孙山”。好不容易在布政使司衙门干上了这份差事。他小心谨慎而为，但却没有升职的机会。张昺正直忠诚，对貌似小心本分公干的李友直十分信任，没有识破他的伪装面具。

张昺只身前往北平赴任，在布政使司衙门晚上还要公干。七月五日傍晚，库吏李友直在为张昺整理公案时，见一份朝廷密诏置于桌上。打开看时，着实吓了一跳：一是削黜燕藩，二是令张昺、谢贵立即逮捕燕王府一批官属，这批官属的姓名赫然纸上。李友直平生职位低微，哪里见过如此绝密文件？他觉得：自己不可错过升迁良机！窃喜之中，他私自誊抄了一份，藏于怀中。然后，借口出恭，从茅厕逾墙逃出，直奔燕王府而去。

到了燕王府，门官见他是个皂吏，横刀将他押往签押房。长史葛诚先验看了他的腰间锡牌，确定了身份后问他何事要见王爷，李友直说："我要面见王爷，有十万火急大事相告！"

葛诚不愿让李友直见王爷，但碍于签押房人来人往，担心被人怀疑，于是只好带他进府。进了王府，天色已经全黑。葛诚几次都想杀他，但又恐被人撞见，不敢轻易动手。恰时正遇燕府护卫朱能上前问话，只好由他带去见王爷。葛诚明知李友直之来异常，却只能眼睁睁地看着他们一前一后地前往存心殿方向而去。

燕王正斜躺在存心殿床榻之上，仍在装病。当他得知真的是皇帝密旨时，情不自禁地坐了起来。当他听了李友直讲述的誊抄诏书并冒死前来报信的经过时，燕王仍将信将疑。当他要赏赐李友直百两纹银、送出宫门去时，李友直却拒绝受赏，只说是想在王府里住下避难。燕王这才真正相信了李友直。不但夸赞他为起事赢得了宝贵的时间，还答应"大事"成就之后一定加官进爵，委任李友直为北平布政使。他边让下人安顿李友直住下，边速与道衍商议，谋划提早起兵——要造反了！燕王不顾闻讯赶到冒死劝谏的王府伴读（亦可称"教授"）余逢辰的苦心劝阻，踏过他借剑自杀的尸体，很快洗掉了装疯时涂抹在脸上的槐米浓汁，"病态"刹时间被精神焕发所取代，胸有成竹地办"大事"去了。

七月五日深夜，端礼门内东西两侧的钟鼓同时响起。端礼门和其他的王城大门都紧紧关闭。士兵们已经全副武装：有的登上了城墙，有的还在运送机炮、箭矢和檑木、檑石等武器。火把熊熊，杀气腾腾！篡夺皇位的内战已经开始！朱棣早就穿好了团黄龙袍，戴上了顶翼善冠，端坐在存心殿的王位之上。燕王真的要公然反叛朝廷的举动，张昺、谢贵全然不知。可以这样说：朝廷命官在明处，而朱棣却是瞒天过海的"暗箱操作"。历代史学家们评价他"得位不正"，真是名符其实，恰如其分！

靖难殉职忠烈公

棣诱张谢入府中

当晨曦染红东方天际之时，张昺、谢贵已经奉命到了燕王府门前。这座燕王城是以元皇宫为基础兴建的，比其他的王宫如周王宫、齐王宫等更加显得宏阔雄伟。燕王府东城墙濒临太液池，南城紧贴金水河；北面、西面的城墙外，是人工挖掘的护城河，与太液池、金水河相通，形成了一圈绕城环流的活水，最后汇入通惠河。是时恰是雨季，护城河里的水满得波浪翻滚。燕王府的北、西、南三面城墙，原本是元帝旧皇城部分。当年洪武帝特旨批准，为避免劳民伤财而未被拆毁。所以，它的高度大大超过了亲王府城墙的规定。再加上近来燕王擅自下令增筑王城，更显得高峻，几乎与京城的皇城不相上下。要想从外部攻破这座王城，不是件容易之事。话又说回来，虽说大军压境，但也不敢贸然发起进攻。因为：燕王目前仅仅是被朝廷“责训”“削爵”，并未如周王、齐王等那样，被宣布逮捕关押或是流放。因此，只能以兵力包围、施压，从而逼迫燕王交出诏令中要逮捕的王府将领。这是张昺与谢贵骑马在王城四周巡视时，又一次商定的。实质上，从朝廷的公然削黜燕藩开始，北平布政使张昺和都指挥使谢贵，就都已经接到了朝廷“削夺朱棣王号、逮捕燕府官属”的诏书。于是，他们带领在城的七卫军队和屯田军士包围了王城，并用木栅截断了端礼门等通道。

俗话说“家贼难防”。燕王之前就差点败在葛诚密奏朝廷这招棋上；而建文帝则也正是败在预知其谋的张信、李友直的泄密之上。不过，葛诚密奏朝廷之事燕王已经知晓；而张信在燕藩雷霆动作之前泄密，建文帝却还蒙在鼓里，全然不知燕王要公开反叛朝廷，是在耍着诱骗将士入府的伎俩。

燕王假戏真唱成

这天是七月初六（公历8月7日），全副武装的张昺、谢贵，奉旨带兵包围了燕王府，下令燕王交出官属，否则，决不撤兵。燕王真是位技艺绝顶的好“演员”，能够瞬息即变、惟妙惟肖逼真地速换面孔。他非但一抛往日疯癫假象，还在城上、下和府中严阵以待地查验着将士们的埋伏，准备殊死一搏。

这座燕王府邸本来就高大坚固，又恰在雨季，护城河里的满满的水成了天堑与屏障。看那城墙，北、西、南三面就大大超过了亲王府城墙的规定。再加上近来燕王擅自下令增筑王城，几乎跟京城的皇城不相上下。老实说，要想攻破这座王城，确实也不太容易。不过谢贵不想、不敢发动进攻，是因为朝廷并未宣布是逮捕、关押还是流放。谢贵那时所能做的，只是以兵力包围，施压，从而逼迫燕王交出诏令中逮捕王府将领而已。

端礼门是燕王府城的南门。据《明太宗实录》记载：燕王府称王城，开四门，东曰体仁，西曰导义，南曰端礼，北曰广智。

张昺和谢贵辰时许到达端礼门外，令部下朝城门上喊话，要求燕王按诏书行事，速交张玉、丘福、朱能、火真等犯官。喊声已过数遍，但城门仍旧紧闭。而在青绿点金的城楼上，鼓声不断响着，似乎有意在干扰喊声，使城上的人无法听清楚城下的喊话内容。但老实说，张昺、谢贵当时还真拿燕王没辙，只好商议对策。直到巳时许，军士才停止了喊话，改用箭缚文书射入王府，文书上写着朝廷要逮捕官员的名单，等候燕王答复。

这份箭书很快就被送达燕王。燕王在承运殿的东殿。他让身边的张玉、朱能、丘福、火真和道衍看过箭书后，冷笑着，并随即撕碎道：“前不久齐泰、黄子澄等奸臣已诛杀我于谅、周仁二士，至今想起仍痛彻心肝！现在咱再也不会吃那个亏了！咱们手足情深、休戚与共，莫想动得一根指头！”张玉等顿时感动得热泪盈眶，齐声说：“我等生为王爷人，死为王爷鬼。誓随王爷打天下！”燕王也很“动情”，含泪拍拍一个个将士的肩膀，紧紧地拥抱，连声说道：“有福同享，有难同当，拜托各位了！”但他顾虑门外人多，又问众将：“外面兵马甚多，我该如何？”朱能说：“‘擒贼先擒王’！”道衍说：“殿下正可将计就计。把上面开列的名单，遣内官送出，假说殿下遵旨办事。但是，张昺、谢贵二人须亲至府内，慎重交接……”

于是，燕王当即依计行事。令朱能挑选百名勇士，埋伏于端礼门内。又令内府金总管出府门见张昺、谢贵说：“王爷病情已有好转，现正在承运殿东殿恭候二位大人前往，交接张玉、朱能等一干人犯！”

张昺、谢贵见只有一名内官出来交涉，随即心存疑虑。两人悄声商议之后，回复说：“请上复燕王殿下，既然王爷病情尚未痊愈，我等改日再奉旨拜访吧！还是请快些将张玉等罪犯送出，我二人也好向朝廷交差。”金总管回到承运殿禀报后，朱棣冷笑道：“果然此二贼生疑！实施第二步计划！”于是，再次令金总管出府与张昺、谢贵交涉，手里还拿了开列着朝廷要逮捕犯官的名单：有卫指挥张玉、朱能、火真（蒙古族）、谭渊，百户王聪、张武等九人，并说：“此九人现已被王爷关押，还须二位大人进府，与王爷亲办交接事宜；如张、谢二位大人不来，耽误了公事，那责任可就不在王爷了！”

张昺、谢贵闻言看了看这份名单，互相面部征询对方：这太意外了！这么顺当？接着，王府大门已经敞开，燕府兵士出门“相迎”。箭在弦上不得不发，张、谢二人无暇商量、犹豫，明知有凶险，偏要冒死上——这就是忠臣！

张昺转念思索：燕王或许真有放人诚意。那就“赴汤蹈火”吧！于是，谢贵当下便点五百兵马，随同金总管跨越金水桥，进入王府的端礼门。但是他们只进入第一道门，就被第二道门的王府守卫给拦阻：“奉了王爷钧旨，只许张、谢二位大人进入，其余皆在此门外候等！”于是，张昺、谢贵扭回头示意随行将士留下，然后随金总管进入了第二道门。

在通往承运殿的路上，但见只有王爷的仪仗陈列，并不见有持兵器的一兵一卒。金总管手往丹陛下一指说道：“二位大人请看！”

张昺和谢贵顺着他手指的方向看去，只见烈日下摆放着几辆装着燕府官属的囚车，旁边有持刀兵士看押。囚车上被关押的人，皆是一副垂头丧气模样。金总管说：“那便是名单上开列的罪犯，二位大人见过王爷后即可带走！”

当张昺、谢贵刚进入端礼门后，就见到了往日披头散发、曳杖而迎的燕王。他身旁跟随着王府的官员。文职中，有张、谢认识的长史葛诚，以及典簿、典膳、奉祀、纪善等僚属；武职中，有他们熟识的卫指挥卢振，还有他们不认识的千户和几位百户。直到这个时候，仍未见持有兵器者出现。

慷慨取义张昺忠

进了端礼门，张昺、谢贵礼节性地向燕王施礼、请安。燕王受礼之后，精彩的演技又开始了：他面色蜡黄，颤巍巍地拄着拐杖，迎上前去拉着张、谢的手，连连摇头叹气，流露出愧悔之意。随后，燕王吩咐赐酒。内侍端来两只雕龙玉盏，注满酒后递给张昺和谢贵。燕王和颜悦色地说："请二卿吃酒！"二人答曰："谢殿下赐酒！"接着，内侍端上一盘西瓜。燕王用手势招呼张、谢及其下人说："请卿等共吃西瓜！"众人不约而同道："谢殿下赐瓜！"燕王自己吃完一牙瓜后，又笑着问刚拿起瓜牙的张昺和谢贵："瓤口如何呀？"张、谢答道："好瓜！"但是，当燕王又拿起一牙瓜来，刚咬下一口却突然收起了笑容，紧皱了眉头，"噗"地一下将未嚼碎的瓜瓤吐了出来，怒目圆睁地翻了脸！指着张昺、谢贵骂道："平民百姓、兄弟宗族尚知相恤；吾身为天子近亲，却不能够保旦夕之命！尔等只是地方官员，竟敢以兵力要挟、闯府提人，欲置吾于死地而后快！此尚可为，天下事有何不可为之？"说完，愤愤地摔掉了手中的瓜牙！

原来，他是以摔瓜为谋反号令：随着瓜牙的落地之声，刹那间从屏风后、殿内外和廊下"呼啦啦"涌出无数兵勇，个个手持利刃，一拥而上，先是抓住张昺、谢贵的臂膀，接着迅疾卸了他们的佩剑。几乎是同一秒钟的时间，葛诚与卫指挥卢振也被士兵们抓着摁在了地上——一场杀戮无数的兵变开始了！也就是在这同一秒钟里，佯装被缚的张玉、朱能和丘福等，也已从囚车里钻出，拿起内藏的刀剑，杀气腾腾地冲向了端礼门！张玉大喊道："王爷，杀了他们！"将士们也跟着大喊："杀了他们！杀了他们！"但朱棣却慢条斯理地说："且慢！我来——"他扔掉了手中的拐杖，随手抽过张玉手中的剑，先指着谢贵的心脏问："谢贵，你可愿降我？"谢贵昂首挺胸答道："我谢贵唯有的一颗忠心，是属于朝廷的……"怒喝还没喊完，燕王抡起剑锋就刺！血浆从谢贵的胸口喷出，溅得燕王浑身满脸都是！当他再看张昺时，着实吓了一跳！因为愤怒而面红耳赤的脸上豹目喷火，大义凛然得威武不屈！他惊呆了，口吃着问道："怎、怎，怎么样？"

张昺跺着脚怒斥燕王道："卑鄙！无耻！身为皇族，却不思捍卫朝廷！今竟冒天下之大不韪私动杀机！以耍阴谋、设假象篡夺亲侄子皇位；用卑鄙龌龊手段诱杀臣等，我为你嫌羞！以此得志，何种能耐？倘若朝廷知尔等这般擅杀

钦命大臣，岂能容你？彼时大军临门，恐尔悔之晚矣！”

前边说过，朱棣真是位技艺高超的好演员，随着张昺的痛骂声笑道：“本王早就知晓你是位忠臣，骂得再凶本王也不会怪罪！但是，你想一想啊：跟着那个既无主见，还又迂腐难救的傻秀才傀儡皇帝，一辈子你都会窝囊透顶！骂够了吧？没骂够就接着骂！本王洗耳恭听！不过，本王还是那句话：钦佩你的忠诚精干！如若能为我所用，现在还来得及！”张昺斩钉截铁作答：“宁可断头死，莫做易主臣！要杀要剐随你便！”

张昺的断然回绝，使得朱棣胆战心惊！尽管他善攻心计，但对心如磐石、临危不惧的张昺却毫无伎俩。老羞成怒的他，举起了罪恶的利刃！张昺以42岁的宝贵生命，为捍卫建文朝廷捐躯！高尚无比，可歌可泣！

但令朱棣想象不到的是：刀起头落、忠血喷涌之时，张昺血躯岿然屹立，头颅上圆睁的双目喷射着对燕王的愤恨！

之后，效忠于朝廷的葛诚、卢振也都惨遭不幸！

这是因为燕王对卢振这位卫指挥原不熟悉，是张信向燕王泄密：卢振与谢贵勾结，是朝廷安插在燕王护卫军中的内奸。前期于谅等被百户倪亮出卖，罪魁祸首其实就是卢振。这一次张昺、谢贵包围王府，逮捕王府官属，原本是葛诚、卢振的内应。

朱棣闻言凶相毕露：不仅将他们二人挖心斩首，还残忍地抄杀了他们家居燕府的80余人！朱棣把自己的篡权兵变标榜成了正义的“清君侧”，而将忠于朝廷者说成了“乱臣贼子”！可怜一代忠臣，反而蒙冤受屈，含恨九泉！近戚程亨等皆被滥杀！

这场为一己争夺皇位的“叔侄大战”，从建文元年端礼门兵变开始，到建文四年（1403年）的六月攻克南京，前后历时四年，残害生灵无计其数。从北京打到南京的战争，朱棣不仅杀人如麻，还恶毒得丧心病狂！这就出现了前文所说的：据《明史·张昺》记载：“初，昺被杀，丧得还。靖难后，出昺尸焚之，家人及近戚皆死。”此段文字说明：燕王朱棣杀死张昺后，让将其遗体运回到南京安葬。然而，当他四年之后攻占南京、大肆杀戮建文朝忠臣泄愤时，竟然听信谗言，挖出张昺尸体焚烧。

朱棣的穷凶极恶，换得了九五之尊宝座。1402年的7月13日以“清君侧”为名，率兵攻破南京金川门，占领了南京后，大祀南郊，随即帝位。证实了他挑起内战的实质是赤裸裸地夺位之战。他是践踏着染红南北大地的尸体之上，登上了大明王朝政权巅峰的！

都城隍是朱棣封

据说，朱元璋生在土地庙里，所以对土地庙及土地的“上司”城隍极为崇敬。即位之后，下旨京郊及府、州、县，都正式规定要祭祀城隍。

所谓“城隍”，为佛道俗三界共同尊奉。民间城隍神具有人格化、本土化、多样化的特点。所以，担当各地城隍的均是令人敬仰的英雄好汉、正臣孝子。明代太祖朱元璋于洪武年间，“大封天下城隍，诏辞臣为文通行”，“府有府城隍，县有县城隍”。城隍庙星罗天下，广为流传。也就是说，明初崇尚城隍神。

据史料记载：明成祖朱棣羡张昺之忠，特敕封其为都城隍，立庙“忠”名之。

据有关史料记载：在鸡鸣寺一带建有一座城隍庙，为南京十庙之一。因为当时南京是都城，这座城隍庙被称之为“都城隍庙”。据说，这座城隍庙其实是皇家城隍庙，在全国级别最高：洪武帝盛大节日不仅自己拜谒城隍老爷，还经常领着文武官员去。有时即使是皇帝不去，在京官员也相约前往，诚恳跪拜阴界衙门。这座传奇性的城隍庙，可惜毁于太平天国战火之中，只留下了人们对今日南京鸡鸣寺西南隅城隍庙遗址的传说。

《南京记忆——南京的城隍庙》如斯介绍：“……南京的都城隍庙在府治钦天山南，明洪武年间建，学士刘三吾曾撰碑记事。逢六月初二，在城诸官都要到城隍庙拈香祭祀。另祈雨、击寇、治狱、水灾、旱灾，也要到都城隍庙祭祀。清康熙甲辰（1664 年）重修。”

如前文所述：朱棣为了夺取亲侄子的皇位，横下心来不惜以无计其数战死沙场将士的鲜活生命为代价，达到了一己之目的。他攻入都城南京和夺得政权之后，将建文帝宫中之宫人、女官、太监杀戮几尽！据说：其一次性枉杀无辜 14000 多人！将忠于建文帝的旧臣如方孝儒等人全部杀死！在朱棣登基之前的华夏历史上，最为残忍的杀戮是“诛九族”。然而，到了朱棣当权，他却把方孝儒家族灭了“十族”，一次性就杀掉了 873 人！对于建文朝忠臣的妻女，朱棣竟然把她们送进妓院、军营，让人轮奸！有的被摧残致死后，朱棣就下圣谕：将尸体喂狗！诸如此类的传说令人发指！

但是，他也是人，也有着人性的一面。每当他想起张昺被杀后血驱屹立的情景，就胆战心惊，夜里经常被血淋淋的张昺等索命者吓醒！每当想到“各为其主”“不为我用”的忠勇们，战争中长大的他就愧疚不已！特别是其府中的那些“叛臣”，原是他的朝夕相伴者。他们“阴魂不散”，经常找他的“麻烦”！甚至有时被噩梦吓醒时，就下意识地看看自己的衾被、身上，亦或是床前、周围，有无这些“血鬼”的鲜血！时间长了，他想出了一个办法：在假慈悲的沐浴焚香之后，口中念念有词道：“我确实佩服张昺的忠诚、文武双全！没办法啊，可惜他不能为我所用，杀他是万不得已的下策啊！我也很是后悔啊！再说啦：你们也是听了张昺的蛊惑，才不知死活地与朕唱反调的！这都怨他，与朕无干！他活着管你们，死了就到他那里报到去吧——我封他为‘都城隍’，是阴界一品，与阳界同为最高衙门；我给他立庙南京，就在现城隍庙内的西南角上，你们赶快到他那儿去吧！你们人太多，去晚了怕挤不进去，见他不着……”他的念叨还没结束，竟然觉得身清意爽，脑子也明白多了！因此。他认为是“冤魂们”“听了”他的劝告，所以就急着敕封了这座为张昺设立专供的城隍庙。其实，这也可能是他求得 “赎罪”的精神解脱吧？于是，他于当日就下旨：专门在都城隍庙内辟出西南一角，为张昺建都城隍庙尊位。如此说来，南京的张昺都城隍庙，大致建于斯时。

至于这座城隍庙正殿的楣眉匾额之上，刻着“人算不如天算”六个大字，这本来是句用作警示的老话。意思是说：办事情有时候最终的结果会与预期的目的相违，因此为人做事要顺其自然；并且，还寓意着城隍百事有求必应，消灾解难主管生育，扶助学子拔头筹；深层意思是说神就是神，法力可以无边；在城隍庙里行走，虔徒信仰可以获得自由，百姓心里就会减压；即使是游客雾中赏花，也能信奉神灵与美景享受相得益彰。但是，燕王朱棣在下旨敕建张昺都城隍庙时，“人算不如天算”却赋予了另外的含义：他将自己比成了真命天子中的天，所以，他就应该登龙位，任何有碍于他行为者都是白费心机。他矢口不提四年之久的浴血奋战，以及兵败济南的遍体疮痍！

明代六君封谥重

除了上述朱棣敕封的、以“忠”命名的张昺都城隍庙之外，明代还有五位皇帝都为张昺平反昭雪，封谥正名——

明建文年间（1399～1402 年），建文帝朱允炆更是表彰张昺的赤心奉国，忠贞不贰，谥号“贞毅”。

明永乐二十二年（1424 年）七月，成祖朱棣驾崩，皇太子朱高炽继位，是为明仁宗。十一月，仁宗颁诏为张昺等人平反：“壬申，朔，诏吏部：建文诸臣家属，在教坊司、锦衣卫、浣衣局及习匠、功臣家为奴者，悉宥为民，还其田土；言事谪戍者，亦如之。”

明正统年间（1436～1449 年），英宗朱祁镇嘉张昺刚直强捍，威武不屈，堪为表率；褒其纯诚翊赞，危身奉上；有功安民，秉德尊业；忠义节烈，至大至刚，谥“忠烈”。

明隆庆六年（1572 年）五月，穆宗朱载垕龙御归天。六月，太子朱翊钧承统嗣位，是为万历皇帝。朝廷诏示天下“褒录建文诸臣，建表忠祠于南京”，为建文朝忠臣平反昭雪，对其后裔予以优待：“万历元年，诏赦天下，祀建文朝尽节诸臣，于乡有苗裔者恤录”“发帑建祠，春秋祭祀，颁为定典”。

明朝末，南明皇帝朱由崧（福王）南京称帝后，为抵抗清军入侵和激励国人，振奋民族精神，为中兴明室江山效力，学有楷模，于弘光元年（1645 年）又赠张昺太子太保，谥“节愍”。

综上所述：有明一代，共有六位皇帝封谥、褒扬张昺！这正是：赤胆忠贞君王敬，碧血丹心照汗青！

又据河南省焦作市中站区北朱村清代乾隆三十七年《张氏族谱》记载：“英宗嘉公之忠，发帑建祠，春秋致祭，颁为定典。”现存的北朱村“张忠烈公祠”，就是始建于明代万历十九年（1591 年），正好与上述史实相符。

在纪念张昺以身殉职 619 周年之际，仅以此书奉献给这位意志坚强、威武不屈、视死如归、大义凛然的忠烈公张昺！

在明代的十六帝十七朝中，约占三分之一的六位皇帝封谥张昺。可见张昺忠贞感天，影响深远！

忠烈公张昺为彪炳册史的明初重臣，故二十四史之《明史》为其立传，记其生平业绩，其文载张廷玉《明史》卷一百四十二列传第三十。清康熙年间，王鸿绪主撰的《明史稿·列传》卷二十亦有忠烈公的传记。

祠庙彰显魂青松

张昺忠贞不贰，大义凛然、舍生取义的忠烈之举，六百多年来为广大人民口碑相传，奉为神灵。他的精神境界，如同万世不老的青松。所以，为他建筑的祠庙有多处。据考证：国内现存有都城隍庙一座，祠堂六处。

山西省晋城市泽州县东黄石村都城隍庙。

据《中国道教》（第三卷）城隍记载：城隍是中国古代神话中守护城池的神灵，古时几乎每个城市都有城隍庙。

张昺临危不惧、坚贞不屈的高尚气节感天动地，即使是两手沾满夺位鲜血的明成祖朱棣，也慕公之忠，特敕封其为都城隍，立庙名之。并颁诏以城隍主历坛，每岁仲秋祭祀都城隍。明代城隍神信仰趋于极盛。

对于张昺被敕封为都城隍之事，有岭上村张昺祠中的一通碑刻记载为证："永乐帝羡其忠，敕封为都城隍，立庙以忠名……"记载的是南京的都城隍庙。至于东黄石村现存的、规模宏大的都城隍庙，"百度"网是这样记载的：山西晋城都城隍庙位于泽州东黄石村西北，庙中祀的城隍叫张昺。张昺祖籍山西泽州大兴岭上村，大兴北上矿有张昺庙。

重修的东黄石村的都城隍庙，记事碑文如斯说：东黄石村非镇非城，在此立庙，据说是当年张昺灵柩回乡路经此地，车马不行，遂立庙祭祀。

庙建于永乐年间。张昺一身正气，故而庙宇也极其工整，正殿、配殿、献殿、山门高大简洁，整个庙宇占地近方形，山门正对是舞楼。正殿、配殿各三间，一字排开。殿顶琉璃瓦原为孔雀蓝，风雨摧残多有毁坏，前几年又被盗。2009 年维修时，全部换为灰陶脊瓦。被盗的琉璃脊瓦又被看庙人在庙外田间找回，但已是损坏严重。

庙内现存乾隆四十年都城隍庙碑刻一通。

都城隍庙碑记

碑树于山西省晋城市泽州县东黄石村都城隍庙内。

粤自祀典不明，而淫祠盛。厘而正之，不可胜正也。然亦有其名则非其意，则是者。君子为之推阐其义，而仍其名。初不得与世之淫祠者等。

岁乙未，泽州黄石重新（修葺）其村之都城隍庙，谒余求之。且曰："神，相传为邑人——明北平布政使张公昺死靖难之难（亦可为役字）者。宜有以表彰之。"

余始闻而惑，继而思，继而戚戚然，不禁重有感也。

盖有明建文君，以太祖家孙恭承大统，燕藩妄生觊觎。殆与汉之吴楚同，张公受命图之。事虽无成，而抗节不屈，首以其身为死，义诸臣先。忠烈之性，固已薄云而贯金石。

桑梓之地，亲炙休烈，痛而祀之固宜。且其祀之而托于城隍，则亦有说——

按《明史》：公被杀时，丧得归。靖难后，出尸焚之，家人及近戚皆死。呜呼！忠臣之惨，至斯极矣！斯时也，虽所亲昵，有吞声而饮泣者。江湖汨罗，难沉角黍；山通绵山，莫赋哲魂。不得已而假之城隍，身没其迹而曲行其义。作者之苦心，岂复冀人之识之，而惊之也乎！

或曰："晦而祀之，则其祀不光。而既已假为城隍，惧公之不得歆其祀也。可奈何？"

曰："不然。"

夫神之灵，非能自灵也，而灵于人心之积而已也。

斯庙之建，村之父老相习传者，曰："此我张公也。"村之子弟所相习，闻者以及四方之走而观者，亦莫不传相语曰："此我张公也。"人人各有一张公在其意中。一旦俎豆具陈，□[①]蒿凄怆，其驾日月，鞭风霆，飒然而来临者，非我公其谁也耶？

或又曰："前之晦之似矣，今日者事久论定。官且有专祀之于乡，固无所事晦。釐而正之，奚不可者？"

余曰："正之，固于义为当。仍而不革，尤足见乡人俎豆之思委曲真挚。而公之所以致此于人者，其故，非偶然也。至于神，冕旒执圭，类故王者像。既非公所宜，又不与世所类城隍之神等。或当日故紊其制，而后人仍之？或不解，所谓而漫为之？余无□论。论公之必可为神，与人之以神事公，而不能忘者，以著于篇。庶几忠臣义士，有所感而兴焉！”

斯役也，始其事者，已故善士牛学礼捐施地基；则成加祥、成玶也。继之者：社首宋良春、成琯、成文，出资分建；则王君盛、王德新、王德懋、杜琰、杜德、杜攀瀛、杜理、杜璠也，成之者；宋善士良春子得海、成善士琯子乃广；而谒余求文者，郡庠生成子乃陛也。

庙故无碑，或曰即前明永乐时建云。

乾隆四十年 岁次乙未 闰十月 上浣 吉（或为穀字）旦

赐同进士出身 候选知县 河南归德府夏邑县

楼 川 杨鼎 撰

邑丰亭 葛焯 书

张昺祠

张昺祠现存的山西两处，河南四处；加之上述山西省晋城市泽州县东黄石村的“都城隍庙”建筑群，皆保存比较完好。

河南的四处是：焦作市的南、北朱村忠烈公祠各一座；武陟县谢棋营和博爱县皂角树各一处张昺庙宇。

综上所述，现存的张昺祠庙共有七处。下面介绍四处。

一是山西省晋城市泽州县北上矿村的张昺祠。

该祠创建于明代，是诸祠中修建年代最早的一座。据岭上村张昺祠中的一通碑刻记载：“永乐（明成祖朱棣）羡其忠，敕封为都城隍，而立庙以忠名焉。追其来历，乃泽州胡儿岭人，遂立庙于北上矿矣。”时人称“忠爷庙”。

据说，这座庙原本是要建于岭上村的。但因当时山间非但无大路，且小道坎坷崎岖，运送建筑材料很是不便。故族老们经过多番商议之后，决定将庙建在临近官道的娘舅家村。况且，张昺的学弟也在该村西南隅的水南寺。还有一层意思是时不我待：当时是“发帑建祠”，如若在规定限期内没有建成，这笔专项资金就不会发放。等到国库回收后，担心日后是否能够争取得到，所以，将“张忠烈公祠”建在了北上矿村。

该祠位于晋城市东北 23 公里处的北上矿村西北角。南为广场，晋（城）陵（川）公路从其北侧的西南——东北向官道穿过，距张昺故里的岭上村约有 2 公里。

这座张昺祠坐北向南，北高南低，错落有致，为我国北方传统四合院建筑形

式。现存山门、大殿和两厢房。山门面阔七间，进深两间，为两层楼阁式建筑，硬山顶。第一层中间辟门，门上平板枋和雀替均雕刻花。大殿面阔三间，进深两间，前带廊；两侧有耳房。厢房原有两座，东西对称，现存西侧一座。面阔三间，进深两间，硬山顶。20 世纪 90 年代，群众集资对该祠进行了维修。

二是河南省焦作市中站区的北朱村张忠烈公祠。

张忠烈公祠位于焦作市西隅的北朱村村中西隅，坐北朝南，进深 100 米，横宽 13 米，占地 1300 平方米，为张昺诸祠中面积最大的一座。两进四合院形式，由山门、中庭、大殿、前后东西厢房和影壁组成。除中庭被毁外，其余建筑保存完好，均保持原貌。该祠敕建于明万历十九年（1591 年），现大殿的桨杆上尚保留有题记。据祠内碑刻记载，清光绪三十二年，曾对该祠进行过全面维修。1984 年，张氏裔孙们又对该祠进行了维修。下面简要介绍——

影壁：呈平面长方形，东西长约 3.98 米，系砖石仿木结构建筑。由基座、壁身和顶部组成。基座分上下两层，下层为青石底座，四周雕刻卷云纹；上层以砖砌成横竹节状。壁身两侧用砖砌成方柱状，中间呈方形。顶部分两层，下层砌出栏额，平板枋，斗拱、转角和云纹耍头、花卉等；上层砌出方形椽头等。歇山顶，上覆以绿色琉璃瓦。

山门：面阔三间，进深两间，东西 9.47 米，南北宽 4.92 米，前带廊，硬山式建筑。门前两侧石质八棱形金柱上，题刻藏头联一副：“忠心明日月一代纲常能振□、烈气动山河千年俎豆□□□”。“忠烈”两字，隐喻明朝廷对张昺所封谥号。当心间辟为门，大门两侧有一对门墩，上刻祥云、林木花卉、山川河流、吉祥动物等，隐喻平安富贵、吉祥如意。山门两侧为八字型红墙。

中庭：毁于“文革”动乱年代。现存青石基础，基础东西长 9.66 米，南北宽 7.27 米。

前后厢房：东西对称，均面阔三间，进深一间，硬山顶，梁头雕刻卷云状和龙首形。

大殿：面阔三间，进深两间，东西长 10.3 米，南北宽 7.26 米。前带廊，硬山式建筑。当心间为隔扇门，两次间为隔扇窗。窗棂分别雕刻变形“万”字状、弧边菱形和方格状，独具特色。回廊下树立清代碑刻数通。殿前为一长方形月台。该祠于 2000 年 9 月 25 日，被河南省人民政府公布为省级文物保护单位。

三是河南省焦作市中站区的南朱村张昺祠。

距北朱村的张昺祠不过千米之近，位于南朱村村中，创建于明末清初。坐北面南，东西宽 16.63 米，进深 37.97 米。原有山门、大殿和东西厢房。其中大殿面阔五间，抗日战争期间被毁。20 世纪 80 年代，村民集资重新维修。现祠中尚保存有清代碑刻数通。

四是山西省晋城市泽州县岭上村的张昺祠。

位于晋城市东北 25 公里处的岭上村西南隅。据祠中清代顺治十八年《创建张公祠记》碑记载："州治东五十里，有村名胡儿岭者，居太行之岗，而龙凤纠焉。其村有张公讳昺以人才膺洪武，选任工部右侍郎，既北平布政使司。公于社稷改革之际，而心同坚石，知伸大义于建文，未闻屈节于永乐。乃曰：'宁可断头死，莫作易主臣。'即肝脑涂地百折不回，至于躯亡之后魂尚存。永乐羡其忠，敕封为都城隍而立庙以忠名焉。追其来历，乃泽州胡儿岭人，遂立庙于北上矿矣。自嘉靖二十九年重修殿楹于今，年岁日深，栋宇推颓，余等每年寒食追祀先宗，未尝不观庙貌而潸然者矣。于是本乡同族张从龙……等言曰：祖庙倾于北上矿，当宜重修，但路小崎岖，工俑难办，不得已，移悯贤祠而成家谱庙矣。创建于本村之西，立殿三楹，其工虽小而立意亦嘉……"

这说明，当时面积很小。另据清嘉庆五年所立重修碑记载："祠庙有大厅三楹，两耳房四楹，东西配房以及舞楼……"这说明清嘉庆五年以前，该祠已形成较大规模，现保存完整。该祠坐北朝南，依山就势，北高南低，依地势分成前后两院。由影壁、山门、东西廊房、厢房和大殿、耳房组成。

山门：面阔五间，进深两间，两层楼阁式建筑。大门上有门楼，第二层中间三间为戏楼，两侧为耳房，硬山顶。大门外对面为影壁墙。

廊房：东西对称。分上下两层，依地势下层面阔三间，上层面阔五间，进深一间，两面坡。北和厢房相连，廊内保存有数通碑刻。

厢房：面阔三间，进深两间，硬山顶。

大殿：面阔三间，进深两间，前带廊，硬山顶。大殿东西两侧为耳房。

《创建张公祠记碑》，落款是清顺治十八年。此碑现存于山西省晋城市泽州县高都镇岭上村张昺祠内。

注释

①文中的"口"为石刻年久风蚀剥落字迹不清之字。

千古英烈民传颂

六百多载的民间传颂，把忠烈公张昺神话得活灵活现。有的以诗言志，抒发敬仰情怀。下文仅是一例——

咏泽州：张侍郎昺赞①（明 · 王世贞）②

忠矣张公③，殉国以身。
稍昧几先④，委托非人。
密谋既泄，大事以倾。
公乎奚愧⑤，英宜千春⑥。
鄙哉李吏⑦，乃兽乃禽。

简析：明代洪武年间，泽州人张昺，以人才累官至工部右侍郎。洪武三十一年，明太祖朱元璋驾崩，皇太孙朱允炆，即建文帝继位。为了控制诸藩王的势力，开始进行削藩。派张昺出任北平布政使，受密旨监视燕藩朱棣。张昺等人秘密部署军士，将执燕王。但因都指挥使张信及库吏李友直向燕王告密，事败，反被燕王所执。张昺仗节不屈，以身殉职。

作者王世贞，不愧为文学大家，仅用寥寥40个字，即对张昺以身殉国这段史实进行了高度概括。对以身殉国、忠贞不贰的忠臣张昺，给予了高度赞扬，称赞其问心无愧，英名永存。而对卖君弃友的李友直之流给予了无情的鞭挞。痛斥其为卑鄙小人，有如禽兽。

注释

① 赞：以颂扬人物为主的一种文体。

② 作者王世贞：明代文学家、史学家。与李攀龙、谢榛、宗臣、梁有誉、徐中行、吴国伦并称后七子。官刑部主事，累官刑部尚书，移疾归，卒赠太子少保。倡导文学复古运动，认为“文必秦汉、诗必盛唐”，在当时有一定影响。其诗歌取材赡博，纵心触象，都能化为诗料，形诸歌咏。诸体诗中都有一些颇见艺术匠心的佳作。有《弇山堂别集》《嘉靖以来首辅传》《觚不觚录》《弇州山人四部稿》等。

③张公（1358～1399年）：即张昺。赞：以颂扬人物为主的一种文体。

④昧几先：昧，昏暗不明，愚昧，糊涂；几先，犹机先，指事机的先兆。

⑤奚愧：何愧；英宜，合宜的道德、行为或道理。意为忠烈公张昺道德、行为高尚。

⑥千春：即千年，比喻岁月长久。唐杜甫《往在》诗："千春荐灵寝，永永垂无穷。"

⑦李吏：李友直，清苑县人。靖难之役之前，任北平布政使司库吏。张昺等密谋逮捕燕王朱棣，李友直偷走张昺奏折草稿，献给朱棣。朱棣遂逮捕张昺，实际是李友直泄密反叛所致。《明史·列传第三十》载："昺库吏李友直，预知其谋，密以告王，王遂得为备。"

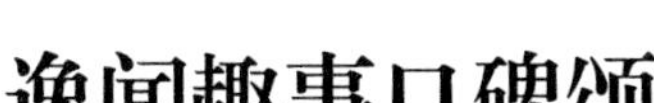

逸闻趣事口碑颂

张昺出生于山西农家，幼年在水南寺求学。

俗话说得好：英贤忠臣代代敬，神话传说原本人。这句话正应了建文元年间“忠烈公”张昺的神话传说。600多年来，忠烈公祖籍的山西省晋城地区的人们，简直将其传说演绎得神乎其神。鉴于忠烈公张昺英年早逝，在后人心目中英勇威武的高大形象，结合有关史实记载，特辑录如下逸闻趣事——

人才辈出因祖茔

元明时期，在横亘华夏北域的东西走向大脉、巍巍太行环抱腹地的山西泽州党庄里胡儿岭(今山西省晋城市泽州县高都镇岭上村），有一户张姓人家，为人忠厚诚恳，一家两代勤俭和睦。

仲春的一日，阳光和煦，微风轻拂。一位从南而上至胡儿岭的老者，一手摇着铃铛，一手把持着拂尘，口中念念有词道：“北朱雀，南玄武；风水讲究，学问至淳至真；看风水，保平安唠！”

当时大地回暖，街上的人多了起来。村中的张老汉，正在自家堂屋后面的碾道里推碾子碾谷子。见那风水先生是老者，边吆喝着边向张老汉走去。近前，看风水的老者拱手言道：“啊哈，这位兄台，不好意思：老朽口渴，能否赏碗水喝？”

张老汉闻言，立马丢下碾杆，回到家中，捧出满满的一碗水，端至风水先生面前，恭恭敬敬地说：“先生，请喝。喝完，我再回家端去！”

风水先生那日口渴得很，连着喝了两碗水，心里着实感激。

那当儿是半晌，几个农人闻声凑了过去，争相说道自家风水。直到午前时分，才各自回家吃饭，只剩下风水先生和推碾子的张老汉。张老汉一边推着碾子，一边听着，很是佩服这位风水先生道行之深。看到人们各自回家，担心先生中餐没有着落。是时，说是中餐，其实是顿早饭。因为，当地人们农闲时节生活比较节俭；加上早晨天气寒凉，起床都比较晚，所以，早饭往往省去，直到中午之前，才合二为一地吃顿饭。张老汉心想：如果先生这顿饭吃不上，那就要等到晚上了。自家虽不富裕，但增加个把人的饭食还是不成问题的。于是，他笑着说："先生如不嫌弃，就到老汉家中吃碗粗茶淡饭吧！"

这位风水先生很是感激：那么多人都请自己看风水，有的还领到家里、院中，人家还都不管我饭呢！而您，我喝了您的水，还未给看风水，怎好意思蹭饭？想到这里，风水先生推说不饿，不想麻烦人。二人正在说来推去，一位敦实的年轻人，捧着一碗小米饭、一小碟酸菜到了面前，说道："俄爹说在家容易出门难，只要看到路人吃不上饭，哪怕自己省着，也要先尽着人家吃！"

原来，那汉子是张老汉的独根苗儿子。他从岭上干活回来，内人已经备好了饭菜。又听房后两位老人说到吃饭，端起碗就往外跑，心里想：如果老先生没吃饭，自己就先不吃。就这样，一碗饭端到了风水先生面前。风水先生还真的饿了，只是客气了几句，就端起了这碗现成饭，坐在碾道旁的石头上吃了起来。

风水先生吃完饭，张老汉的谷子也已碾好。他正要到前面张老汉的家中去看风水时，来了几个"请"他到家中、"阴宅"看风水的人们。风水先生正在为难，张老汉摆摆手说："嗨！去吧，去吧！来日方长，不要驳了人家的面子！"

风水先生不好意思地说："刚吃完您家的饭，就去干别人家的活……"

那日，这位风水先生没有再回张老汉的家。过了一段时日，这位风水先生的铃声又在村里响起。午前，张老汉仍旧留风水先生吃饭。风水先生更是感激！从此，只要这位先生从南边上来，总要到张老汉家叙话。时间长了，二人说话甚是投机。不仅成了无话不说的好朋友，还换了帖子，结为金兰之好。风水先生年龄稍长，张老汉的儿子称其为"大爸[①]"。交情到了如此份儿上，张老汉才吐出了自己心里的不快：自家虽是母慈子孝、儿媳贤惠，是户远近闻名的好人家。但是，媳妇娶进门儿两年有余，却一直不见"动静"。

风水先生闻言哈哈大笑：

"好心终有好报，您的孙子马上就到！耐心等着，最多一两年！"

张老汉很是感激风水老哥的吉言。之后，还没过几个月，他的儿媳就真的有孕在身。翌年，张老汉果然有了孙子。那是元顺帝至正十八年（1358 年）的五月十一日。这个男婴的诞生，为这户张氏家族增添了希望。张老汉的这位孙子，就是后来居官的张昺。

张老汉呢，孙子提着他的心劲儿，更是终日里早出晚归下地做生活。但是，不管张老汉地里的活计如何，只要风水先生约好了要上来，他就会停下一切要干的活，专心在家里候着。

随着年纪的增长，张老汉的身体逐渐衰弱。风水先生经常上来看望。一日，风水先生语重心长地嘱咐张老汉父子：这座凤凰岭风水最好！要想日后家中出将入相，就得买下那个“凤凰头”作为茔地！父子两人点头应允。日后，全家人省吃俭用地买下了风水先生所说的那块茔地。

后来，张老汉病入膏肓，他的儿子没了主意，就请“大爸”上门，陪伴张老汉度过了人生的最后时光。

这位风水先生很讲义气，一直留在张家，帮助侄子料理后事，特别是掘墓。当挖到八尺深时，发现下面好像还有“一位”。风水先生立马叫停，并说：“这才算挖到了气脉之上，才是真正的恰到好处了！”

接着，他又让在墓坑底部铺上了一层黄土。就这样，张老汉的坟墓就设在了上面。风水先生又吩咐道：“贤侄啊，日后凡是来祭奠您爸，必要先分出些许，留给‘邻居’。与人为善，更要与‘邻里’为善。‘邻里’之间互相‘关照’，才是晚辈之孝道。人心善良，才会家道兴旺，后辈居上！”

张老汉的儿子将大爸之言铭记在心。他从父亲下葬起，只要上坟，都要先给“邻居”分出些纸张、锡箔。祭拜完父亲之后，定要再给“邻居”烧纸落钱，直到他生命的终结。

正如所说：由于张老汉儿子的诚笃感动上苍的缘故，张昺从七品芝麻官做起步步高升，从地方调到中央，一步步晋升为封疆大吏的二品要员。就在张昺遇难之前，他的两个大儿子也都已入仕，放任京外之官；三儿子还正在准备考取科第。如若不是朱棣夺权篡位的话，张昺的儿子们也会官位显赫的。这可能是得益于茔地的风水宝地缘故；亦或是老百姓敬仰他，将之传扬得神乎其神吧。这也是后话。

注释

①大爸：山西一些地方，将父辈的叔伯统称为“爸”。大爸，即大伯。

勤奋求学寺庙中

尽管，张老汉家并非书香门第，但是，张昺幼年聪敏好学、身体健壮。他有着超人的记忆力，是棵上学的好苗子。长相上从小看大，如同关圣公般地皮肤红润、丰满，浓眉大眼，方脸庞。虽然年纪尚幼，就能看出不同于一般孩童的魅力所在。

张昺的祖父厚道，父母更是忠诚、贤惠。但是，上苍并不眷顾如此优秀的家庭：张昺父亲染病不起，后来竟然撒手西去。张昺幼年丧父，母子俩相依艰难度日。眼看着到了上学的年龄，他整日里吵着要上学。其母就与舅父商量，把他送到了私塾里。

张昺本来就天资聪敏，还勤奋好学。他自幼就开悟得早，深知母亲含辛茹苦之不易。因此，他决心学出个样子来回报母亲。如若将来能够出人头地，一定要尽最大的努力孝敬母亲，让她老人家笑口常开。每每想到这些，他就有使不完的劲儿：一心扑在学习上，早起晚睡、孜孜不倦。尽管功课已经完成，但他还要追求卓越。

年龄稍长懂了事理，就有了报国之志。决心先学好知识，随时听从朝廷召唤，为国家奉献出自己的一切。他的思想动力充足，所以能够十多年如一日地勤奋苦读，直到明洪武十五年（1382 年）中选。

夜行照明两盏灯

张昺上学时期，他的家乡比较贫困，许多人家请不起先生教孩子学习，只有几家殷实户，才纳得起学费，念得起私塾。张昺的母亲见儿子聪敏好学，就与北上矿村的胞弟商议，把儿子送入了私塾念书。当时情况是：在党庄里中，几个村也只有几户人家的孩子念得起书。家长们共同商议着办起了一所私塾，请了一位教书先生。张昺是岭上村的，大兴、湖里、北上矿、大封头村都有学生。大峰头村有两名学生，算是人数最多的村庄。学生家长共同集资兑粮，供教学先生资酬。学馆刚办起来时，没有固定的校址，轮到哪个村的学生家管老师饭吃，学馆就临时设在那个村子里。也就是说：老师轮着村子教，学生轮着村子上。这样每年一易地，有许多的不方便。后来，经一家富户出面协商，将固定校址选在了北上矿村南的水南寺内。从此，这里就成了张昺的固定学第。

据说张昺从小吉人自有天象：夜间下学，总有明灯引路。

前面说过：水南寺在北上矿村西南隅。可是，张昺的家在北上矿村东的岭上村。他每天上下学，都要走一段路程。特别是下了夜课，得一个人独自回家。先生心中很是怜念。但是，他在高质量完成功课之后，却总爱贪玩儿。因此，先生口头上没敢多表扬他。一般情况下，他下了夜课独自回家时，先生放心不下，待他离开学馆之后，先生都要走出寺门，目送他东去一段路程。

当时，在做为学第的水南寺东边不远处，有一座土地庙。张昺的家在东边。每次上下学，都要经过那座土地庙。连着几个夜晚，先生目送他时都会惊奇地看到：只要他一走到土地庙门前，那两盏明灯就会从土地庙内浮出，自动贴近到他的头顶和面前上方，为其照明、引路。然而，在后来的一天夜里，当老师又目送他到土地庙前时，却见为他照明的灯竟然少了一盏！这是为什么？老师百思不得其解。

原来，张昺幼年时字写得很好，在远近村庄里都很是出名。所以，人们逢年过节或是有甚红白喜事，总要请他给写对联、吉祥语等。那天，村上有一户人家嫁姑娘，请他给写喜联。于是，他在《对联大全》上选了几幅，挥毫而就。其中，闺房写的是“在天愿做比翼鸟”“于地喜结连理枝”。横批是：“百年好合”。识字人都夸张昺有才华：这么小的年纪，竟然还写出了高雅的情爱诗句！

这件事正如常话所说：“人在做，天在看”，“头上三尺有神灵”。不想，张昺会因写喜联受到惩罚：为他照明引路的灯竟然少了一盏！但他自己却不知晓，是他下夜课后回家，先生目送他时发现的。

当晚先生很是纳闷，辗转反侧难以入眠。直到鸡叫三遍时分，才渐入梦境：就见一白发长髯老者飘忽而至，捋着胡子笑道：“可要把持好啊，别让得意门生把道给走歪唠——尤其是大庭广众下的对联……”说完，不知去向。

先生正为张昺夜间的照明灯少了一盏纠结呢，这梦提醒了他。翌日张昺到校，先生问及写对联事，张昺如实回答。先生也没再说什么，只是说：“以后不要轻易写那些男情女爱之类的对联。喜事已经过去，请那家人揭下闺房对联，你拿来给我。”张昺虽然不解，但没有多问：他是个听话的好学生，凡是先生交办之事，都会尽力办好。

那天下夜课回到家里，他请母亲明早去做。说是要交给先生。这三天里，每晚回家仍是一盏指路明灯。

喜事已经办完了，母亲央求那家揭下了喜联，拿到学弟交给先生。先生带着张昺，土地庙里焚香祷告后焚之。此举还真的很是灵验：当晚，先生照旧目送张昺回家，见其又经过土地庙前时，两盏明灯又飘浮而出，为他照明、引路。

土地听从张昺命

俗话说：玩耍是儿童的天性。张昺也不例外，一有时间就想玩耍。他在家里做了一个毽子，白天上学路上开心地踢着走，有趣极了！踢到土地庙前时，进入藏到供桌下边。放学后拿了，继续踢着回家。他就这样玩了很长的时间，也没被人发现。后来，有同学觉得他上下学总爱进土地庙，就好奇地跟踪他。终于有一日，发现了他的“秘密”，跟踪的同学报告给了先生。先生责罚了他。他一怒之下，立马跑到那座土地庙里，随手拿起一根小木棍儿，在土地上泄愤写道：“土地，土地，云南步地！”谁知，那土地真的去了云南，丈量起了土地！等到土地丈量完毕，没有张昺的指令，土地竟然回不来了！土地离开了自己管辖的地盘儿，份儿内的甚事都不能干，还得听从那里土地的差遣，实在憋屈极了！土地思前想后，只好给学馆先生托梦，说明了张昺写诗令他“云南步地”之事。先生梦醒后笑了：原来，张昺的天分竟然这么高，连土地老爷都得听他的差遣！

翌晨一大早，张昺刚进学馆，就被先生叫了去。听先生讲完“梦”中情景之后，他笑着说：“这有何难？既然他听我的，我就再去写诗，让他回来不就结了！”

那天中午放学之后，他又提起那根小木棍儿，照样在土地庙内的土地上写道：“要想回来，担回水来，挑担煤来。”

土地闻命高兴极了，当夜就一只肩膀挑着一担水，另一只肩膀担着一担煤，急匆匆地腾云驾雾往回返。但是因为路途特远，好不容易才到了晋城。他太累了，满头的汗水直往下滴，看着天马上就要亮了，不敢多歇息耽搁。情急之中，土地将筐中的炭块儿扔掉，只挑了一丁点儿碎煤末儿回来。说来也怪：自打土地老爷回来之后，远近闻名的缺水地方竟然完全变了样：整个北上矿村不仅四面环水，而且水质还特甜美，周围村庄的人们，吃水都要到北上矿村去挑。

直到目前，水南寺前面的洼地里，还涌淌着甘甜的泉水！就连村中央的大型组合喷泉，也都是时刻天然涌出的泉水！

至于煤，由于张昺只说“挑担煤来”，并未具体重量。也是土地回归心切，在晋城扔掉了炭块儿只挑了丁点儿煤末。所以，这里的地下煤层不具有开采价值。

这里有一段后话需要前提：在张昺家乡不远处的河边，有一块马蹄印石。据传说，这是张昺做官后骑马回乡时，无计其数地到河水中饮马，踩踏落下的印记。再看那条笔直宽阔的马道，是张昺当年的跑马大道。因此，今人仍称之为“马道”。

张昺陵园美景中

明代万历元年（1573 年），神宗朱翊钧诏示天下，“褒录建文诸臣，建表忠祠于南京；祀建文朝尽节诸臣于乡，有苗裔者恤录”，并“发帑建祠”。北朱村于当年正式封冢张昺墓。600 多年来，张昺后裔祭祀虔诚，曾多次整修、增建——特别是当今。

张昺陵园坐落在北朱村西隅约 200 米处的大石河西畔。隔着仿古红墙，苍松翠柏、奇花异木郁郁葱葱就会映入眼帘。这是北朱村党总支书记、村委会主任张小爱的大手笔。

早在 2004 年 7 月北朱村两委换届中，张小爱正式当选为村委会主任。之后，又“一肩挑”担任了村党总支书记。村两委很重视张昺文化产业的发展，决心将祖宗常眠之处，打造成南方园林式的陵园。这座占地近 40 亩的陵园，远看四周的仿古式围墙和牌楼山门，还只是个框架。园内整体规划讲究：除了亭台、碑廊、碑楼、享堂、花架、广场、甬道等硬件建设井井有序之外，繁花似锦的白玉兰、樱花、月季、竹子等随处可见；名贵的木瓜、芭蕉、大小海棠硕果累累，各自成园。大致算来，在这座陵园里，仅名贵奇花异木就不下千株！

高大肃穆的陵园山门，修筑于 2006 年，威武壮观。进入陵园大门，宽阔整洁的水泥广场北端，是古朴典雅的享堂。园内水泥甬道四通八达。

享堂为仿古歇山顶式建筑，七梁八柱，四面隔扇、出厦，彰显着墓主人封疆大吏的威武与显赫！陵园整体于 2008 年的清明节前建成。

张昺陵园内，有北朱村张氏一世祖张琏的陵园。

为了防汛抗涝，加固了围墙的根基。为方便游客和村人瞻仰祭拜，还专门为陵园修筑了一条宽敞平坦的水泥大道。

陵园西侧的另两大看点是花架和碑廊。爬满花架的葡萄等藤生攀附植物，为陵园增添着生机，制造着清新的氧气；百十通明、清、民国时期古碑的碑廊，彰显着陵园的高雅与丰厚的人文底蕴。

修复忠烈公张昺陵园，看好赶上了好时光。原先的这座陵园，即为北朱村祖坟的“西老坟”。因年代久远，历经战火与动乱浩劫，还有附近煤矿采煤后造成的地表塌陷，相当长一段时间杂草丛生，成了动物的乐园园，满目荒芜。党的十一届三中全会之后，社会秩序恢复了正常，文物部门非常重视文物保护工作。因忠烈公张昺有史记载，名声在外，市里有关领导很是关注。1984 年，全市文物普查时，祠堂和陵墓皆已上报立案。1986 年，还拨专款将祠堂修复一新，并连同张昺墓地一同上报省、市。市文物管理处欣然批复，并到现场指导修复。

首先是加固、增大了原墓冢。整修后，张昺墓冢高 4 米，直径约 13 米。四周青石护砌，呈圆形拱状。墓前碑楼内，镶嵌着 3 米高的墓碑。中间镌刻“明赠兵部尚书张公讳昺之墓”；两旁对联是“金陵受丹诏奉命效忠公前列”“燕山凛大节亡身殉难谁当先”，碑上匾额为“乾坤正气”。

张昺曾孙张琏墓苑前，有座双层八角亭，名曰“忠孝亭”。张琏是明代安丘县儒学训导，并署该县正堂事。张琏墓冢高约 3 米，直径约 9 米。四周青石围砌。冢前碑楼内，是立于明代万历年间的墓碑。中央镌刻“明山东省安丘县儒学训导张公讳琏之墓”。

张琏墓南，又有双层八角亭楼阁一座。

张昺陵园，是焦作地区不多见的南方园林式陵园，是中站区西南隅一道靓丽的风景线！

忠烈公张昺年谱

元	顺帝至正十八年	（1358 年）农历五月十一日 山西泽州胡儿岭诞生
	至正二十六年	（1366 年） 北上矿村水南寺求学
明	洪武十五年	（1382 年）起 历任阳城县知县、沁州直隶州知州、太原府知府等职
	十六年	（1385 年）起 殿试金榜题名，赐进士及第，先升调中央工部右侍郎，又先后任刑部、户部、兵部、礼部侍郎、尚书职务
	二十八年	（1395 年） 朝廷钦命出巡大臣，督察丹河河务
	三十一年	（1398 年） 出任北平承宣布政使司布政使，掌管北平地区行政事务，受建文帝密命监察燕藩
	建文 元年	（1399 年）农历七月六日（公历 8 月 7 日） 被燕王朱棣诱入府中杀害，42 岁英年早逝，以身殉职

忠烈公张昺后裔

在北朱村这块热土上，北平布政使、忠烈公张昺后裔，承袭了祖宗勤劳、善良、刚毅、忠贞、廉明的传统美德，英贤辈出。有明一代的北朱村张氏一世祖，安丘县儒学训导署县正堂事张琏；鲁王府教授张汶；清代的张发祥、张大有（已载入《中站逸闻故事》）等；民国时期的张瑞彩、张韵文等；为新中国诞生浴血奋战的张述学、张景石等；当今和平建设时期的北朱村两委领导班子、岭上村的党支部，最美村官张小爱、老支书张守荣及南朱村的带头人张敬杰等，张守文是高尚人、寒门书记张咸长、编审出版张弦生等，真可谓之群英荟萃、难以胜数！但因时间关系和联系有限，在此仅辑录了28位精英和2个两委班子成员，作为忠烈公张昺后裔英贤的代表，略加展示。望更多的名人“出水芙蓉”，待日后褒扬。

北朱村两委班子

北朱村两委班子成员

左起 1.张咸利　村委会委员　　2.张新九　村委会委员
3.张为民　党总支副书记、村委会副主任　　4.张小爱　党总支书记、村委会主任
5.张前明　党总支委员　　6.张四清　村委会委员

明安丘训导张琏

张征兴　供稿

张琏（1447～1539 年），明成化、弘治、正德、嘉靖年间，任山东兖、青二州县儒学训导（教育官长），并署县正堂事。以其为政清廉，治学严谨而蜚声齐鲁大地。

张琏是今焦作市中站区北朱村张氏的先祖，是明初北平布政使、谥号“忠烈”张昺的曾孙。因受张昺遇难株连，其父、祖名讳均无可考。

据碑谱记载，张琏生前供职兖州府，任邹县儒学训导，补授青州府安正县儒学训导，署县正堂事。在孔孟之故乡，儒学发祥地的齐鲁古邑，任教育官长，非硕学通儒、知识渊博者难胜其职。张琏在兖、青二州任学官，并署县正堂事终生。其学而不厌、诲人不倦、博学多才及卓尔不群的学术造诣，尽可知之亦！

据《北朱村张氏族谱》记载，张琏居官在任治学态度极为严谨，常以儒家典籍及经世治国之术训导诸生、督励其身体力行，要求甚严，一时间苦读力行学风大为盛行。张琏对学生的学习不敢有丝毫懈怠：要求学生每天必须读完规定的课程，还必须学会与弄通，务令深解，烂熟于心。对于即使小有过错的学生，他“相对不与之语”。诸生恐惧畏服，然后略降辞色。因此，学生们“德行端洁、学识通明”。此为张琏传道、授业、解惑为人师表的真实写照。“温而厉，威而不猛，恭而安”，张琏的举止言行，颇具孔子治学风范。所以当时人们普遍赞扬张琏“不厌不倦，洙泗分光”，“一官两任清，遍地多颂士”。

张琏德配夫人，修武县府城村王氏，出身于书香门第廉吏之家。其自幼受家庭熏陶，勤谨质朴，通达事理；于归后，淑德贤惠，嘉言懿行；秉性良善，谦和敦厚；相夫教子，俭以持家；含辛茹苦，负重致远。卓具巾帼美德，堪称母仪典范，是为后人表率。

张琏子六：长子沂，太学生；次子深，号子渊；三子淇，廪膳生员；四子汲，廪膳生员；五子汶，山东鲁王府教授；六子源。

张琏生于明英宗正统十二年，历景泰、天顺、成化、弘治、正德、嘉靖诸朝。卒于明世宗嘉靖十八年，享高寿九十二岁。

张琏逝世后，族人将其安葬在北朱村西张氏祖茔，张昺墓之东南侧。并勒石记述其生平事迹。

张琏墓，1982 年 11 月 20 日，被焦作市人民政府公布为市级文物保护单位。

明王府教授张汶

张征兴　供稿

明朝正德、嘉靖年间，山东鲁王府教授张汶（1486～1558 年），字希闵，号南泉。河南怀庆府河内县北朱村（今焦作市中站区府城办事处北朱村）人。乃明代忠烈公讳昺之玄孙，明山东兖州府邹县儒学训导，补授青州府安丘县儒学训导、署县正堂事张琏之五子。

张汶生于宪宗（朱见深）成化丙午（即成化二十二年），历孝宗（朱祐樘）、武宗（朱厚照）、世宗（朱厚熜）三朝，卒于世宗嘉靖戊午（即嘉靖三十七）年，享年 73 岁。

张汶生前任鲁王府教授（时府邸在山东兖州府）。任职期间，他殚精竭虑，尽瘁国事；朝乾夕惕，悉心育才，呕心沥血，躬教诸王子，声称教授至于今。

张汶德配孺人同邑王封靳氏（1448～1511 年），生于孝宗弘治戊申（即弘治元年），卒于嘉靖辛亥（即嘉靖三十年），享年六十四岁。

张汶书香门第，四子皆为庠生：长子良知，次子大有，三子良心，四子良祐。

北朱村两委稳定

村党支部供稿 有增删

明代北平布政使张昺后裔聚居的焦作市中站区府城街道办事处北朱村，当今也是好样的：在连续三届的村两委换届选举中，都是原班人马连任，这在周边地区都是屈指一数、备受赞誉！从原班人马的连任中，体现出了北朱村大局稳定，民心凝聚，干部信誉度高，以及村民们对村干部的信任和拥护！这个团结、稳定、高效、便民的农村基层组织，为这座古老而又现代的村庄，赢得了数不清的荣誉，摘得了诸多的桂冠：焦作市新农村建设、党风廉政建设示范村等；河南省文明村镇、小区（朱村美苑），文明单位、五好党支部、妇联组织建设示范村等，全国尊老敬老模范村，入选全国第二批传统村落保护名录，等等，总之，一句话，是焦作地区远近闻名的明星村！

这个坚强的战斗堡垒，近些年来运用“4+2”工作法，使得各项工作走在了

前头。对于村上大事，首先要进行“四议”，即党支部提议，村两委商议，党员大会审议，村民代表会议决议；两公开是：决议、实施结果公开。现在，还是让我们把话从头说起吧——

北朱村位于焦作市中站区南部平原地带，人民路横亘村南，全村面积 6.5 平方里。这么个偌大的村庄，村两委班子成员只有 6 位！北朱村党总支下辖 7 个党支部，14 个村民小组。党员 156 名。常住人口 6000 余众。其中，农业人口 3986 人。该村由于工作出色，2008 年被省委授予“五个好基础党组织”称号。是“4+2”工作法，解决了村里的主要问题。

北朱村两委非常重视此种工作方法，并且积极付诸实践：首先是健全了组织，成立了以党总支书记张小爱为组长、大学生村官韩晶等为成员的专项工作领导小组，制作了“4+2”工作法流程图。为让村民家喻户晓，印制了 2000 份《告村民同志们的一封信》，分发给每户；然后是营造氛围：在村内主街张贴固定标语两条、拦街横幅 2 幅，张贴小标语 200 张，并通过远程教育平台，组织党员、群众、村民代表深入学习。掌握精神实质是群众路线，工作方法是充分发扬民主、人人参与。耄耋之年的老党员、老干部芦丽荣会后动情地说：“以后俺也能管事了！”

本村的老大难问题是土地承包费的收纳。为尽快发展本村经济和实行土地集约化管理，村上将村内的部分土地承包给农户管理。但是，近些年来，受遗留问题及其相关的制度不健全等负面因素影响，承包费的收纳成了问题。为彻底解决这个问题，村党总支在广泛征求群众意见后，2009 年 7 月提出了这个问题的解决方案。又经村两委商议，提交党员大会审议。通过到会的 142 名党员充分酝酿，最终全部同意：决定对承包经营者收取拖欠的承包费。随后，村民代表大会也全票通过了这项决议，并决定由村企业办领导，运用各项优惠政策，收取拖欠的承包费。经过一个月的努力，拖欠了两年共计 14 万元的承包费全部收缴。最后，村两委又张榜公布了此项工作的完成情况，村民们十分满意。

村两委工作成效显著：全村人心向一处想，劲往一处使，三年内将省级文物保护单位的张昺陵园，打造成了生态旅游景区；先后投资 16 万元，集中治理全村污水排放，疏浚排水沟并加置盖板；通过公开招标，硬化、美化村内街道；为确保吃水安全，投资 8 万余，新打井 3 眼，新换置水泵 5 台；2009 年发放 6 万元，奖励考上本科院校的学子每人 3000 元；为 93 名残疾人每人发放 10 升食用油；慰问老党员 25 人；看望军烈属 9 人；关爱老年人，拿出 40 万元为全村 63 位老人发放养老补贴、重阳节福利……村两委的主要工作，就是以关爱村民，多办事实为前提的。

是“4+2”工作法，高效解决了村里许多问题；是“4+2”工作法，使村民真正看到了村两委真心为老百姓办事的诚意；是“4+2”工作法，让全村人都沐浴到了党的关怀；是“4+2”工作法，加快了全民奔小康的步伐……

树立村民正气，促进全村和谐。通过村规民约等各项规章制度，逐渐提高着村民的品味；通过“五好家庭”的评比，增长了正能量，促进了全村和谐。

北朱村两委的干部们，都是全心全意为人民办事的好公仆，是推广“4+2”工作法的模范、排头兵！同时，也是各家媒体关注的热点，1995 年 11 月焦作党建网还专题报道了北朱村的“4+2”工作法呢！

最美村官张小爱

——北朱村人心目中的五种人

胸有大爱的好人

在北朱村人的心目中，党总支书记兼村委会主任张小爱，是中国社会主义建设初级阶段农村排头兵中的“五种人”。正是这“五种人”，让她取信于六千多口人偌大村庄的村民们。

张小爱胸襟豁达，以德报怨地关爱人。这里仅举一例。2003 年她刚上任翌晨，一中年汉子在砸村两委会院子的铁大门。她先是喝止，又进行了批评教育。这个因为懒散而贫困得跑了媳妇，只剩下光棍儿爷儿俩的男人真是既可恨，又可怜！她心软了，事后她给了他钱，又送去自家的米、面、衣物等，还在村上企业给他安排了工作。她的帮助教育改变了他——勤劳、安分、讲究卫生了，就连服装也整洁了。

她善良、热情、体谅村民，办事效率高。她刚上任几天后的一个炎热午后，全村几百辆大、小机动车聚集了黑压压的一大片，堵塞了村两委门外及球场、附近街道，一场恶性事件即将发生。这些村民是因不愿为早已开好的购煤单据补差价，才聚众发难村委的。张小爱先是道歉，又随即给班子成员逐个打手机，催促上班。然而，全是“关机”“无人接听”！她只好当机立断：建议按吨煤 5 角为残疾人过中秋节募捐。她的爱心建议与诚意，得到了大家的赞同，气氛马上和解。整个一个下午，她一个人倒换了近千张煤条，收纳了 18000 多元的募捐款。村民们不仅取消了数百人立马聚众上访的计划，还都夸她：办事实在，效率真高！

她慷慨大方，不断为平息事态掏腰包。冬日的一个深夜，一位肢残者因欠小

吃店费用而拿砍刀滋事。围观者甚多，警车也已迫近！她闻讯火速赶到，喝止了闹事者，又支付了欠款，一场恶性事件霎时平息！

她火热心肠，善解人难。村西的一户人家，一年多都在街旁搭着个牛棚，半条街都是臭烘烘的，蚊蝇乱飞。她找上门去，让把牛牵到她家的养牛场长期无偿使用。这家感动得当天就拆除了牛棚，附近的村民全都拍手叫好！

她无私资助村民不求偿还。替一位产前大出血者交付了住院费，还立马打手机叫车送往医院。有人问她为何这样干，她说：这家还有个大龄儿子没娶媳妇呢！平日里村人只要说有经济困难，她都会毫不犹豫地慷慨解囊。有人问她为啥，她说：谁没个难处？张口容易合口难哪！

她关爱弱势群体。本村一户人家，误认为自家宅基地没给划够，多次请求重新丈量无果。张小爱上任后，爽快地答应为她重新丈量。就在那天下午，她们刚出村就狂风骤起。此人怕自家晾晒在平房顶上的红薯淀粉被刮脏，一着急晕了过去。张小爱立即派人到家中给盖好，还亲手为她家拉线丈量。这位妇女歉意地说："对不起呀，是我误会了！"一脑血栓后遗症老妪悲观厌世，小爱闻讯百忙之中挤出时间，多次上门开导。直说得她主动服药，接受输液。她的真情赢得了民心。第五、六届村委会换届选举时，她以百分之九十多的选票率胜出，任村委会主任职务。

招商引资的能人

这位2005年的"全国双学双比女能手"，自20世纪80年代初开始创业以来，先后做过挂面生意，养殖过医用蚂蚁，喂过肉牛、奶牛，早已是腰缠数十万贯的名人。但是她却说"一家富了没意思；看到别人吃穿不好，自己吃饭也不香！"担任村委会主任之后，她整天想的是让村民们都尽快富起来。

为此，她找准门路强力招商引资。除与焦作电厂、鑫珠春煤矿联办煤矸石机制砖厂等，还引进了大华制衣厂、高频焊管厂、思念汤圆厂、石料厂、木器加工厂、预制场、铁厂等10多家企业。这些企业以她热心全程的一条龙优质服务入驻后，又得到了及时、周到地排忧解难，留住了企业家的心。驻村企业多了，村民就业容易了，生活水平一般都优于城里人。

勤劳致富的头人

张小爱很想让村民们尽快富起来。但光靠种地是不行的，没有企业村不富，要尽快发展绿色生态农业和旅游资源开发。她从十年前上任伊始，就把带领村民致富放在了首位。为此，她忙得早出晚难归。

一方面，她利用本村有利的地理优势找准门路，与就近企业焦作电厂、鑫珠春煤矿联合，办起了利用企业下脚料，变废为宝的煤矸石机制砖厂。

另一方面，她强力招商引资。采取走出去、请进来的办法，引进十多家企业，这些企业中，安家落户最长的已有十多年之久！

第三方面，大力发展个体经济。她大力鼓励、扶持，村民们积极行动。发动多家搞起了养殖、种植业和兴办企业。截止目前，北朱村已有120亩美国克伦生优质葡萄园一座，小杂果种植园两座；张艺门业、明统砖厂等数家；非物质文化遗产的小磨香油、粉坊等三家；泰和连锁商店、小卖铺等十多个，并有各式鱼塘、三家洗浴中心和北朱村大酒店等多家有名饭店。村民们高兴地说：“咱全村劳力有的到驻村企业上班儿，有的忙着自己的事业，不愁没活干。咱有了钱，村里各行各业又办得全。不用出村，上班、娱乐和衣食住行就都能搞定！”

然而，各业兴办之初，张小爱费尽了苦心。她把村上除残疾人之外能够干活的人分成了两拨：一拨是能人；一拨是常人。对于前者，她找上门去，送项目、帮贷款、跑手续、引进人才，政策上给予最大的优惠，或是股份制联办，或是私营自家创办企业，或是从事养殖、种植等各种专业。尽管她的愿望是好的，但创业道路却是很不容易的。

村上有的能人脑子虽好使，但引进企业嫌麻烦，自己创业又怕失败赔本儿。针对他们的活思想，张小爱想方设法为之解除思想羁绊。在她的鼓励、支持下，能人们动起来了：有的招商引来了金凤凰，有的兴办企业搞经营红火了，村民们看到别人干了起来，自己的胆子也大了。不仅养起了鸡、牛、羊、猪，王小华还大胆地盖起了一亩多大的肉鸭养殖大棚！北朱村人的传统经营观念变了，肉、蛋、禽、蔬、果、农业、企业等多种经营的经济格局形成了，业主们的腰包鼓了，村民们的生活富裕了！

上述这些能人的业绩，其实是张小爱在经济建设中释放出的巨大能量！她和善、豁达，高低人都看得起，绝不会冷落了弱势群体。对于他们，她异常关心：或是帮找一些力所能及的活干，或是困难救助、自己慷慨解囊。村民们都心服口服地尊敬、感激她，是因为她把博大深藏的爱，无私地奉献给了全村的父老乡亲！

在发展经济掌控大局上，张小爱很有远见，正如她常打的一个比方：“吃着碗里的，就要看着锅里的。等到碗里没饭了，才想起锅里就迟了。咱村文化积淀丰厚，要使它为发展旅游事业出把力！”她把这方面的工作分成了两大块：一是投入人力、物力，修缮省级文保单位“北朱村古民居”和“张昺墓祠”，彰显古老村落的传统文化内涵。

北朱村古民居在全省面积最大，共有房屋409间。院落最多：65处四合院，单体建筑123座。建筑时间跨越三个朝代。最早的始建于明代天启三年（1623年），清朝最多，一直延续到中华民国31年（1942年）。这些明、清、民国建筑的古民居，见证着这座古老村落300载的建筑文明史，展示着我国建筑殿堂的瑰宝。张小爱说起这些如数家珍，精心地呵护着，并不时提醒、督促维修，使其保持原来的风貌。

至于整修祖宗张曷陵园，她花了十年的心血，现已形成一座完整的南方园林式陵园。名贵的南方树种银杏、木瓜等，被一簇簇樱花、白玉兰掩映着。仿古式的红色围墙，高大气派的山门，庄严肃穆的碑楼，明立柱挑角的古代歇山式享堂，八角、双层的碑亭占据着三个方位，碑廊内古碑90通，花架上爬满了藤本花木。即使是一块巨石，也都雕刻得大有讲究。明代封疆大吏、“忠烈公”张曷长眠其中，吸引了市里、远方游客的观赏、凭吊。博大精深的历史文化，彰显着这座古村落的悠久历史与文化内涵。

二是根据社会主义新农村建设标准，打造农村现代化新型社区，充分显现靓丽魅力！城市社区式的崭新朱村美苑，既解决了部分村民的住房问题，还节约了土地资源。该社区2010年开工，总投资2.2亿元，占地145亩，建筑面积17.6万平方米。小区内有多种户型，完备的配套设施应有尽有：深水井自动供水，太阳能热水时刻都能洗浴、使用，天然气灶炊、取暖甚是便捷，电力照明时刻供应。除了水、电、气、暖之外，医务室、活动室、图书室俱全。不久的将来，娃娃们上幼儿园、入学，不出社区就都能行。

目前，一期工程的16栋多层住宅楼已经竣工，解决了450多户申请划给宅基地家庭的居住困难问题，特别是部分居住在塌陷区危险地带家户的住房安全问题。塌陷地带户搬迁之后，彻底解决了困扰这个村子半个世纪安全隐患的老大难问题。同时，极大地推动了合理有效用地，推进了城乡一体化，加快了全村的工业化进程！

目前，已经欣然乔迁崭新高楼的村民们，幸福指数大大提高。朱村美苑不仅受到过省委书记卢展工的充分肯定，也展示了北朱村大中心村社区的风采，还为商贾洽谈经济和企业入驻，提供了理想的平台。

和谐富裕的大忙人

张小爱注重村民的和谐团结，为大家办事忙得早出晚归连轴转。

她善于化解矛盾。她经常说：“没有过不去的火焰山！”这是她的真心实意，让村人们消除了矛盾心理，加强了全村的凝聚力。在新农村建设整体规划街道时，一户遗留院落矗立在大街中央，堵住了道旁排水沟，导致污水横溢，难闻、滋生蚊蝇。她找到这家，划拨了合适的宅基地，街道建设终于完成。另一户因为宅基地押金遗留问题无法盖房，她批准及时退还了押金，终于得以建造新房的这家很感激她！

热心投资教育。高中文化程度的她很是重视村里学校的教育事业。但有件十几年前的遗留问题，还需要做好相关家户的思想工作。

北朱村学校座落在村西又窄又斜的小街上，学生上下学拥挤、不安全。对于学校改造工程，她很有信心。她说：老百姓最讲求实惠，最是通情达理。只要做好了思想工作，办好了具体事宜，校邻们一定会支持这项惠及后代子孙的大好事情的！于是，她找到了那几家，语重心长地说讲明没文化办事难的苦楚，以及重视教育、惠及子孙的益处。她的话还没说完，几户人家就不约而同地保证搬迁。2004 年之后，村上陆续投资 200 万元，不仅使学校坐落在了直通通的宽街上，还改修了宽阔的大门，增加了仪器、设施等。这座远近闻名的标准化示范学校，吸引了多名好教师。加上她对教师的关爱，教育质量多年来一直名列全区前茅。

她注重村民的文化生活，关心文体团队建设。每年过春节前，从腊月二十八早上起，村民书画展就拉开了春节喜庆的序幕；村民篮球队开赛，五支体魄健壮的劲旅，经过一天的紧张角逐，从英姿勃发开哨到鸣锣收金！

大年初一喜庆吉祥：千余人的八支演出队伍摆满了整个村庄，到处锣鼓喧天：市非物质文化遗产的背桩、红拳和腰鼓； 百余人的师生方阵腰鼓队；500 多人的武术队伍及大型舞虎、舞狮，精彩的演出气势恢宏；传统武术的刀枪剑戟虎虎生风；盘鼓的鼓点铿锵、欢快；妇女们的大秧歌扭出了新农村的幸福与欢乐；长长的农民管乐队，丝竹之声不绝于耳……全村男、女、老、少齐上阵，都加入到了喜庆新春的狂欢之中！

每年初五前的晚上，两委会成员与村民们大联欢各展才艺，气氛和谐，掌声阵阵！之后的每天，都有市、省乃至全国的剧团、歌舞团演出，直到元宵节大型焰火晚会。过足了“年瘾”的村民们，才心满意足地投入到各自的劳动中去。就是平时，村民们劳作之余，都能够参加各自喜爱的活动。各支文体队伍，由于经常活动，随时都能拉出来演出。

她乐观地说：领导的部署真好！老村历史悠久、发展旅游事业；朱村美苑新村靓丽整洁，有利于振兴经济！

敢为人先的带头人

张小爱真是巾帼不让须眉，样样工作走在前面。在中站区干部深入开展的“三个干什么”中认真学习，积极实践。根据广大村民迫切要求尽快致富的愿望，她高起点地细化工作目标，随时解决实际问题；加大了招商引资力度，提升着文化大院、老年活动中心建设的品味。她决心让群众文化生活更加丰富，让村民的精神文明建设再上新台阶。

她注重综合治理工作，确保全村的安全。投资 20 多万元，安装了覆盖全村的摄像探头“电子眼”，全天候监控全村各方面的安全。

她是桂冠数不清的“老先进”。曾获得过许多荣誉：省“劳动模范”“三八红旗手”“工商联女民营企业家”“先进个体劳动者”“最美村官”等，又是 “焦作市巾帼十佳”“感动焦作十大人物”等。但是，她只把成绩作为起点，更加努力地干事业，全心全意地为村民们操劳。这位村民们心目中的“五种人”，仍在为全村人的和谐与富裕，忘我地辛苦工作着。

岭上村的党支部

岭上村中共党支部供稿　有增删

岭上村是明代北平布政使张昺故里，隶属山西省晋城市泽州县高都镇管辖。村上民风淳朴，团结和谐。村中共党支部从 1949 年建立至今只有两任书记：张其法（1949～1976 年）和张保法（1977～至今）弟兄两人。他们带领全村群众勤劳致富，是岭上村的带头人。

特别是 1967 年以来，村党支部带领党员、干部和广大群众，紧跟党中央战略部署，战天斗地，踏实苦干，改造穷山恶水，奋力建设社会主义新农村。尤其是改革开放以来，本村终于摘掉了贫困帽子，乡亲们过上了幸福生活。

有关村党支部的工作，大致分为两个阶段：1949 年新中国成立初期到十一届三中全会之前为第一阶段。这一时期，党支部的主要工作是带领群众发展农业生产，解决温饱问题及与之相关的实际问题。为解决吃水难问题，打旱井、建旱池、搞小型水利工程等，使吃水难问题得以解决。

1978 年十一届三中全会召开以来为第二个阶段。这个时期的主要工作：

一是在执行党对农村的各项惠民政策中，切实落实生产责任制，实行土地大包干，村民生活大有改善。调整产业结构，发展二、三产业，增加村民收入。一组数据足以证明：全村人均收入由十一届三中全会前的每年100多元，逐渐增加到现在的10000多元。

二是重视基础设施建设。提高村民幸福指数。1990年投资100余万元打机井1眼，让家家户户都用上了洁净的自来水。加之国家的“村村通”好政策，水泥路通到了每户门前。新建了卫生所，解决了看病难问题。健身广场、图书室、超市等一应俱全。广播电视和光纤宽带入户，极大地改善了全村人的文化生活水平。并修建了村委办公楼和多功能活动室，增设了活动场所，改善了村委办公条件及对外影响力度。

其三是传承历史文化，重视教育。岭上村历史悠久，文化底蕴丰厚，是明代建文年间北平布政使张昺的故里。健康传承张昺文化，弘扬祖宗忠贞不贰、以身殉职的伟大精神，是党支部和村民们的重任。为此，自2008年以来，村上已搞了五届张昺文化节，在张氏后裔和社会上产生了巨大影响。村两委舍得教育投资，在经济极端困难的条件下，投资200余万元新建一所学校，极大地改善了学生学习环境、教师办公条件。岭上村的尊师重教传统美德由精神范畴，逐渐转化成了卓著的教育实效：自恢复高考以来，岭上村大学本科毕业生已逾百人，硕、博士生20余人。注重文物古建筑的保护与传统古村落的开发。岭上村古建筑很多，有五座古庙和张昺故里碑、墓、祠等。近些年来，对所有古庙进行了维修，使之完整保存下来。同时，还对古民居进行修缮开发。岭上村现有古院落30余处，正在进行传统古村落申报工作。决心让古民居、古院落焕发青春，为传统文化强村，做出应有的贡献。

长期以来，村党支部始终坚持两个文明一起抓，已取得成效。从2008年至今，连续获市、县两级 “文明村”“精神文明建设先进村”“文明和谐村”等荣誉称号。百尺竿头，再进一步，村两委还将继续发扬“不甘落后、勇争第一”进取精神，把岭上村各项工作做得更好。

这里需要介绍的是：岭上村第二任中共党支部书记张保法，任职已有40个春秋，任职基层党组织工至今，曾多次获得市、县两级组织部门评定的“功勋支部书记”“优秀共产党员”“优秀党务工作者”等荣誉。他的誓言是：“我作为一名老党员，既已许身革命，就要终生不渝。我愿把自己的一生献给党，献给人民，献给最为壮丽的‘中国梦’伟大事业！”

南朱村的带头人

南朱村两委供稿　有增删

南朱村带头人张敬杰，1965 年 5 月出生，大专文化程度。1999 年 7 月入党，2002 年 4 月任中共府城街道办事处南朱村支部书记、村委主任至今。

2002 年 4 月，张敬杰任村党支部书记以来，爱岗敬业、脚踏实地、廉洁自律、心系群众。带领两委班子心往一处想，劲往一处使，为村里经济和社会事业发展做出了很大贡献。南朱村先后被授予市级文明村、省级卫生村荣誉称号，并多次被区委、区政府评为“先进基层党组织”。他的主要事迹如下：

一是加强村党组织建设，增强班子凝聚力、战斗力。

南朱村党支部在张敬杰的领导下，始终以树立“五好”支部形象为己任，坚持学习制度，在全村广大干部群众中，广泛宣传党的方针政策。改造升级党员活动室及村委办公环境。村党支部积极争取市里、办事处财政等多方资金支持，对村两委会办公室进行整修，建成了新的党员活动室；将墙面粉刷一新，门窗更换，购买了会议桌、椅，为党员活动提供了舒适场所。建立服务中心，为群众提供便捷服务。投资10万余元，建成南朱村服务中心。服务中心配套设施齐全，设有电脑、打印机、电子大屏、连体板面、漫画墙，各项制度、服务指南等内容齐全。村委工作人员在服务中心开放式办公，为群众提供一站式服务。

二是理清经济发展思路，加快村民致富奔小康步伐。

由于晋郑、焦温高速公路占地，村中耕地锐减。为解决失地农民的生活问题，抓好农业产业结构调整，大力扶持养殖业，解决村民的经济转型问题，张敬杰和村两委班子结合实际，专门在村西规划出占地 60 余亩的中型养殖区。并投资 100 余万元，对养殖场统一供电、供水设备安装，对养殖小区内道路硬化。并聘请畜牧技师、专家，利用远程教育，进行养殖技术培训。免费为广大养殖户统一防疫，统一补助，提高了广大农户养殖积极性。现村中母猪存栏 500 余头，肉猪存栏 2000 余头，养殖业已成为村民增收主渠道之一。

三是整治环境，推进新农村建设步伐。

在张敬杰的努力下，南朱村被列为全市首批社会主义新农村建设试点村，扎实开展新农村建设活动。通过认真规划，加强基础设施建设。多年来，“空心村”一直是个老大难问题。有的村民不按村规办事，规划有新的宅基地，老宅基地又不丢手，使得村容村貌破烂不堪。为解决这一难题，张敬杰不分昼夜逐户家访，与上述人家推心置腹交谈。他冒着酷暑亲自督导拆迁破旧房屋90间；并结合新老宅基地的调划，又新规划出80余户新宅基地，解决了村民住房难问题。投资400余万元，对村内所有大街小巷和东西出村道路进行了硬化，并安装路灯100余盏，解决了群众行路难问题。为建设新型社区，为改变农民居住条件，提高农民生活水平，村两委科学合理地编制《南朱村整体建设规划》。通过招商引资，目前一期工程投资3000余万元，建成了占地35亩的“中南翰寓”新型农村社区。该项目建筑面积27000平方米，共建成6栋7层带电梯花园式住宅楼。修建文化广场，为群众提供休闲娱乐平台。投资50余万元，在村中心建起了占地4.5亩的文化广场，内设喷泉、文化教育长廊，科普宣传栏、篮球场、乒乓球台，健身器材等应有尽有，为村民休闲娱乐、锻炼身体，提供了良好场所。

四是树立文明村风，丰富村民精神文化生活。

在张敬杰的主持下，几年来村里进一步完善了村规民约，形成了“讲文明话、办文明事、做文明人”的良好村风。坚持村务、财务公开制度，认真落实办事处“三资”代理服务制度和“四议两公开”制度，推进了民主管理进程。加强村两委干部学习培训，提高服务群众的能力。为活跃村民文化生活，组建了篮球队、秧歌队、老年队、龙鼓舞队等。村里积极出资，购置了篮球、计时器、乐器、龙鼓等配套器材，统一服装，经常开展表演、比赛活动。龙鼓舞表演队成立于 2011 年 12 月，由 18 人组成。其特点是将一面大鼓平置于鼓架上，选四人击鼓，众人和着鼓点，围着大鼓起舞，边跳边击鼓并呼号“啊嗬——”，体现了村民愉悦心情。成立以来，多次参加市、区大型文艺展演，深为老百姓喜闻乐见。

甘做村民孺子牛

——记北朱村老书记张守荣

如今已愈古稀之年的原北朱村党总支书记、朱村乡党委副书记张守荣，当年曾是中站区政协委员、知名人士。他的开拓创新精神与先进经验，于 1994 年 3 月就被河南人民出版社出版的《奋进之歌》一书，作为先进人物褒扬。他带出了和谐高效的村两委领导班子，将北朱村治理成了远近闻名的先进村。虽时过境迁 20 余载，但他当年打下的良好基础，使得如今的北朱村锦上添花，更加美好！现将当年的那篇文章转载于后，方便读者走近、了解他——

人常说：羊马年，好收田。张守荣是属羊的，却偏偏出生在灾荒连年、饿殍遍地的民国三十二年。他自幼家境贫困、缺衣少食，身体虚弱不堪。然而，他的聪明才智、拼搏精神和突出贡献，却是超乎于常人的。

1963 年，品学兼优的张守荣在焦作一中高中毕业后，放弃了高考，自愿回乡当了农民，决心把自己所学的知识，奉献给生他养他的北朱村。他以自己勤奋的工作，赢得了党组织和乡亲们的信任。1970 年冬，他光荣地加入了中国共产党，后担任村党总支副书记、书记、村委会主任等职务。他通过深入细致地思想工作和周密严格的规范化管理，将北朱村治理得井井有条，年年都上新台阶。1992 年，全村社会总产值达到 1680 万元，人均年纯收入 1200 元。由于他政绩突出，被评为“河南省政治思想工作模范”，并被吸收为省“政治思想工作协会”会员；诸如焦作市“先进工作者”“优秀共产党员”等荣誉称号，就更是多得数不清。1994 年 4 月，中站区委鉴于他的突出贡献和丰富的农村工作经验，破格提拔他为朱村乡党委副书记。北朱村所以能有今天的好日子，是与他的努力分不开的。正如乡亲们所说：他就像村委大院里用汉白玉雕琢的那尊“孺子牛”一样，勤勤恳恳地为乡亲们拉车，服务。

“打铁先得自身硬”，这是张守荣的深刻体会。要想治理好这座偌大的村庄，自己必须先要掌握各种知识，并要学以致用、身体力行。

他经常深夜苦读，认真学习了《资本论》《共产党宣言》《毛泽东选集》等名著；精读了《领导科学》《农村基层干部手册》及党组织管理等方面的文章与书籍，并剪辑汇集成册经常学习，写出心得体会。无论每天工作再忙，都要坚持听广播、读报纸，不断提高自身政治水平和分析、解决问题的能力。他虚心向群众学习，多方求教，经常收集村民意见，不断改进自己的工作。他以一个共产党员的模范行为，潜移默化地影响着全村的党员、干部和群众。他带头遵守劳动纪律，以普通农民自居，从不让家里人占集体和他的便宜。凡外边来人，或是上级下村，他都要尽量少花钱，一般都安排到村敬老院就餐。1992 年夏秋，与他们村合办“焦作市霓虹灯泡有限公司”的香港老板林秉乐，曾两次来村洽谈有关事宜。他都以烤红薯、小米汤和浆面条等民间小吃招待。1994 年初夏，他到一家企业联系业务，带的礼物是自家树上的洋槐花和地窖中的红薯。对方对他的这种勤俭持家精神十分赞赏，双方业务合作得非常顺利。

他有着忘我奋斗的工作精神，连续作战的工作作风。一次，他去香港与林老板洽谈生意，连续坐了 26 个小时的长途汽车；在香港，他住的是最便宜的旅社，吃的是最普通的饭菜。经过努力，终于为北朱村引来了 24 万元的投资、先进的设备与技术，顺利地把年产霓虹灯 60000 只的企业办了起来。产品投放市场后，立刻吸引了晋、冀、鄂、川等省市的客户，呈现出供不应求之势。他在长期的工作实践中，摸索出了“注重素质，服务中心，超前引导，规范管理，加强宣传，多办实事”的 24 字要诀，将政治思想工作融入到了各项工作之中。为了提高村民素质，他从宣传教育入手，向村民进行党的方针政策、计划生育、遵纪守法、时事政治、农业科技知识等多方面的教育，把村民思想统一到了党的方针政策上来。办起了“青年之家”“老年协会”“党员活动中心”等活动场地。

此外，在农闲和节日期间，开展丰富多彩的文体活动。组建了武术团、文艺宣传队；举办了运动会及棋类，球类比赛，青少年书画展览，气功培训班等，丰富了村民文化生活。

在计划生育工作方面，他大力宣传有关方针政策，还特别注重思想引导、多办实事，逐渐改变人们的传统生育观念。对独生子女户、男到女家落户者分宅基地优先，生活上给予照顾；规定 “女儿可以埋葬父母”，“倒插门者可以殡入祖坟”等。同时，又办起了敬老院，对无子女老人的治病和丧葬，都做了妥善安排。从 1993 年起，对 60 岁以上无工资收入的老人，发放养老保险金。这些都促进了计划生育工作的开展，近年来计划生育率百分之百。

在智力投资方面，先后投资 100 多万元，建起了幼儿园和六配套标准化学校，将民办教师的工资，提高到了公办教师标准。

他在发展农村经济过程中，深刻认识到一个真理：无农不稳，无工不富。于是，他从出任党总支书记开始，就着力抓两件事：一是建立健全农业服务体系，壮大了农业技术队伍。这支科技队伍忙时服务农业，闲时经营自己所办的集体企业，以副养农。形成了综合、实用、功能俱全的服务体系。种子、化肥、农药等物资的供应和农业技术的传授，都是超前性的，为村民上门服务提供方便。由于及时周到的服务，农林牧全面发展，全村农业总产值由 1988 年的 250 万元，上升到了 1992 年的 423 万元。使这个三分之二耕地为采煤塌陷区的村庄，农业单产达到了 600 公斤，人均占有粮食 400 多公斤。二是大力兴办企业，开辟致富门路。从 1989 年开始，将本村的一年两次庙会，改为一月三次的旬末物资交流会，为村民学习经商、投身市场，营造了良好的环境。

1990 年，为加速村组企业的发展，他到村办纸厂蹲点。在与工人们的共同劳动中，摸索出了管理企业经验。通过三年组织干部到外地考察学习，开阔了视野，学到了经验，调动了大家兴办企业的积极性。截止到 1993 年底，办起了煤矿、生化厂、果品加工厂和霓虹灯泡有限公司等 11 个村办企业和面粉厂、果蔬脱水厂、果园等10多个乡办企业，取得了较好的经济效益。集体经济壮大了，村民们的腰包鼓了：人均纯收入较1991年翻了一番还要多！

作为政协委员，张守荣牢记着自己的职责：1992年，他提出了充分利用朱村矿井下水资源的提案，被区政府采纳，并被列为重点大型水利建设工程。当年建成投入使用后，使3000多亩农田旱涝保收，稳产、高产。

北朱村发展了，张守荣的眼光看得更远了。他要将全村的主街拓宽为14米，为的是能够接纳更多的企业、客户来洽谈生意，使产品打入更广阔的市场。他设想着让全村学生免费上学，能安装上闭路电视……

正像村人们赞扬张守荣的那样：甘做全村人的“孺子牛”。他以顽强和执着，不知疲倦地继续负重向前！

述学舍生为革命

在我市烈士陵园碑林中，一块石碑上镌刻着“革命烈士张述学”的英名。至今，北朱村人仍在口碑相传着他用生命保护部队和战友的壮烈事迹。

张述学1916年出生在祖籍北朱村，自幼丧父，以打短工和讨饭艰难度日。1946年，他积极报名参军，成为八路军太行军分区武工队的一名战士，随部队转战太行南北。

1947年农历六月初三，张述学等八名武工队员奉命下山，到敌占区的北朱村侦探敌情。他们机智地穿过了国民党杂牌军的封锁线，迂回到了村外，埋伏到天黑才分散进村，各自到可靠群众家中了解敌情。不料行踪被杂牌军探子韩旦发觉，并告了密。刹那间，300多名杂牌军把北朱村团团围住，挨家挨户搜查武工队员们，突围已经不可能。紧急关头，张述学集合战友开会说：“咱要利用本地人有利条件融入到群众中去。一旦被捕，谁都不能出卖革命和同志！”会议很快结束，他迅速组织战友们分散。为转移敌人的视线，他疾步迎敌而上。激战中，因寡不敌众而被缚，推到了匪首靳敬文面前。

匪首问：“你们来了几个？都叫啥名字？现在哪里？”张述学一口唾沫吐向匪首，斩钉截铁地说：“就我一个！”匪首恼羞成怒，吼道：“给他点颜色看看！”

匪徒们的枪托、木棍，雨点般地落在了他的身上。他咬紧牙关怒目相对！匪首见硬的不行，立马换了笑脸：“只要说出部队和同伙，我马上就放了你！”

张述学破口大骂："老子不吃这一套！你们是兔子的尾巴——长不了啦！我一个，就是我一个！要杀要剐随你便！"

匪首气急败坏地吼道："把他的耳朵割下来！"

一匪徒用菜刀将他的左耳割得只连着耳垂下边的一点儿皮肉，鲜血直流！匪首又问："到底来了几个？"

回答仍是："我一个，还是我一个！"

匪徒们又把他的右耳割成了左耳样！匪首再问，仍遭到唾骂！丧心病狂的匪徒，面对钢铁战士实在是黔驴技穷，凶残地用刺刀在他的身上乱捅，他更是破口大骂！匪徒们实在是没辙，就推着五花大绑的他游街示众。身上被捅的几个窟窿和耷拉着的双耳鲜血淋淋，把他的白色土布衣裤都溻得殷红粘结，他仍是昂首挺胸！

突然，敌人闻讯我方营救部队赶到，仓皇逃窜到北朱村三道街一棵柿树下时，向张述学射出了罪恶的子弹！年仅 31 岁的武工队员，为了革命的利益和战友的生命，永别了分娩不到一个月的爱妻及只见过一面的独生女儿！

事后，太行军分区召开隆重追悼大会，正式追认张述学为"革命烈士"；表彰了他英勇不屈的革命精神；还号召全军向他学习，彻底消灭敌人，解放全中国！

民先队员张韵文

中华民族解放先锋队简称"民先"，是中国共产党联结爱国青年的纽带，是党领导下的抗日民主团体，1936 年 2 月在北京成立。同年秋发展到了河南，当时的省会开封成立了全省首个"民先"组织。张韵文在中共地下党人的革命思想影响下，参加了"民先"组织。

张韵文，学名佩文，字绶青，中站区北朱村人，清末优廪生，民国时期曾任博爱县政府劝学员长、县视学、督学等职。

张韵文博学多才，为人正义耿直，倡导教育救国。早在清末光绪三十四年（1908 年），他因不满清政府的教育制度，极力倡导新教育，出资兴办了河内县（该县于民国十六年，即公元 1927 年分为沁阳、博爱两县）北朱村崇实学校（意为崇文求实）。身为校董的他亲手修订教材，增删《四书集注》《小学集注》《三字经》等，并著有《术遇》一书。他以自身感悟，在书中写道："人

生驹隙最堪怜，不久韶华已暮年。花甲岁周增几载，屡经沧海变桑田。”以此表达对美好人生的向往与追求。

他倾向革命，以身示先。1938 年 9 月，他结识了焦作中共地下党领导人张璋、道清游击支队政治部副主任刘聚奎，深受革命思想影响。不久，他和璩正义被吸收为“中华民族解放先锋队”队员，作为党的外围，组织抗日、革命活动。

至于参加“民先”的大致过程，时任区政协文史委副主任的笔者，专门赴京拜访了张璋老前辈，回忆过程是这样的：1938 年经璩正义介绍，认识了北朱村人张韵文。他们当时是博爱县督学同事。经过培养、教育后进步很快。之后，又介绍他两人参加了当时还比较秘密的“民先”组织，接受上级直接领导，具体开展各项工作。他俩利用督学身份的方便，先后在茶棚、寨豁等山区小学宣传、发动抗日，在教师中发展了一批“民先”队员，帮助我党开辟了太行山区知识分子革命阵地。

张韵文不仅思想进步很快，还把其爱人介绍到抗大一分校学习。他的革命行动惹恼了国民党反动派，仇视、惧怕中密谋暗杀他。

1938 年 12 月的一天夜晚，国民党暗中指使匪首带领 100 多名匪兵，到北朱村将张韵文及其长子张瑞符从家中绑走，带到八里沟（今博爱县沙丘铺村东），把石头捆在他们父子身上，残忍地推入井中。直到他们父子被活活淹死，刽子手们才放心离去。

时至今日，北朱村人仍怀念着这位为了中华民族的解放事业，被国民党反动派残忍地夺去生命的“民先”队员张韵文及其长子张瑞符。

爱国恤民张瑞彩

张景致 常宗保曾提供部分素材

清末民国年间，张瑞彩不仅是怀庆府河内县出了名的“大财东”，更是人口皆碑的爱国恤民“大英雄”。

张瑞彩，字耀轩，今中站区北朱村人，明北平布政使张昺（正二品）之远世裔孙。其幼时家境殷实，饱读诗书，博学多才。稍长，在东王封村民族实业家靳法蕙的煤炭公司供职，积累了丰富的采矿技术与管理经验。后来，他先后在豫、晋、陕多处开办煤矿、兴办实业。他为富宽厚，救助穷人无数，北朱村人就更是

“近水楼台先得月”。他的爱国恤民事迹，实在是多得难以尽数。

一是爱国，维护矿产主权，分发现大洋支持煤矿大罢工。

1898 年，英国福公司和河南豫丰公司，在北京清政府总理各国事务衙门正式签订《豫丰公司与福公司议定河南开矿制铁以及转运各色矿产章程》，焦作煤矿从此诞生。英商福公司来焦作开办煤矿，西大井（王封煤矿）便是其中的一处。

由于英商福公司资本家疯狂掠夺我国煤炭资源，残酷剥削矿工，罢工抗争时有发生。1925 年的反帝争权利大罢工，就持续了 8 个月之久。当时社会各界广泛关注，迫使英商资本家做出妥协：将英福公司更名为“中福公司”，中国人有了正当的开采煤炭权力。这次大罢工显示了中国煤业工人的斗争性、团结性。毛泽东主席曾在《中国社会各阶级的分析》一文中赞誉焦作煤矿工人“特别能战斗”。中站地区的西大井（王封矿），在那场反帝、反剥削斗争中首当其冲，是由于张瑞彩投入巨资大力支持：首先是高新聘请教官，组织罢工参与者军训；其次是为罢工者统一发放黄战带、白羊肚毛巾等，以增强战斗性和对此团队的识别性；其三是为每位到西大井（王封矿）罢工者每日发放 1 元现大洋。当时社会落后、经济疲敝，现大洋是仅次于黄金的贵重银币。一块现大洋就能买很多东西，穷人们活了一辈子都没有见过现大洋是啥样。张瑞彩此举，不仅确保了矿工及其家属生活无忧，还极大地调动了矿工义无反顾投入大罢工的积极性——他是西大井罢工取得胜利的坚实后盾。

二是仗义疏财，扶困济贫，支持北朱村各种演出团队。

张瑞彩在济源、修武及山西、陕西开办多家煤矿，平时忙得很少回北朱村。但他无论再忙，“祭灶日”的小年非回村不可——全村的贫困家庭、各项演出都等着他“开销”呢。他一回村就忙了起来：或是令账房开些条子，让贫困家庭到他的粮食坊背粮食；或是根据情况发放现金，让村人治病抓药、买布匹做穿戴过新年。

在确保村民柴米油盐生活必需品的同时，他还要出资扶持 500 余人的武术团和旱船、高跷、秧歌、腰鼓、背桩、抬皇杠、舞围竿、八音会等诸多的演出团队。他百忙之中抽出时间，亲自督促各团队加紧训练。为的是这些有益活动可以让村民们强身健体、看村护院、防身自卫、保家乡平安；在传承祖宗留下的文武专长的同时，增强村人的凝聚力，活跃村民们的文化生活——他乐意投资金，让全村人都乐呵起来！

村民们都说，张瑞彩为全村演出投的钱多得数不清，仅每年正月初八新店火神庙会“上庙”一项的资金，就充分显示了他的经济实力：不仅各演出团队都统一服饰，还要置办演出用品；就连出行服务的48辆马车的牲口，毛色也都是统一的。除了这些，还买下了新店村火神庙对面戏楼后的一片地，用以统一停放车马和存放演出器械。

他的付出没有白费，北朱村每年的新店火神庙会演出都很精彩；春节的红拳武术展示和各种演出，都深为观众喜闻乐见！

三是热心公益事业，心系全村安危，组织加固村西大石河东畔的护村防洪大堤。

北朱村西边的大石河，是一条季节性河流。汛期不时泛滥，威胁着全村人的生命财产安全。为长治久安，张瑞彩于民国年间发动、组织全村人加固西石河大堤。号召有钱的出钱、有人的出力，剩余的“大头”他自己“包圆”。在他的带领下，村人们积极响应，完成了这项宏大的工程，使得北朱村多年都免于水患侵扰。

四是铮铮铁骨爱国心，不为日寇所用，西走宝鸡。

张瑞彩对日寇入侵恨之入骨，坚决不为日寇做事。为保存实力，已是疾病缠身的他，带着采矿精英和宝贵设备开赴宝鸡，继续开办煤矿。在那里，他尽力帮助家乡人，最起码是以优厚待遇犒劳跟着他干的人。老乡们都很敬重他，说他的“河南同乡会”会长当得有功！

然而，就是这样一位志士仁人，却病逝于宝鸡。前些年，族人到宝鸡接回遗骸时，却早已被当做“无主墓”处理得难以寻觅。但他的爱国恤民、无私奉献精神，永远活在了北朱村人的心中。

发表于《焦作晚报》2014年5月26日“人文山阳”

张景其是科技星

张景其是科技之星，是全国优秀青少年科技辅导员。他生于1919年，1987年逝世，享年68岁。他的一生离奇精彩，完成了从军人到教师的成功转变。

张景其是北朱村人。1985年2月加入中国国民党革命委员会，并担任焦作支部主任委员。

颠簸流离青少年

张景其幼年寄居于北京的外祖母、三姨妈家中，曾用名吴景其。他自幼聪明好学，1925年就读于北京师大附小，1935年考入南京励志中学。次年，因家庭经济拮据而失学。三年后考入黄埔军校武汉分校第十五期炮科，编入一总队学习。毕业后，又到国民党军政部要塞炮兵干训班军官队受训。1949 年，任国民党十六兵团四十七军一二五师中校参谋。同年，随起义军参加了革命队伍，先后在南京华东军政大学、华东军区教导队及苏北建设农场学习、工作。1954 年，大军区撤销，他响应党的号召返回原籍。

教育科研硕果丰

1957 年，他参加了教育工作，先后在市机械学校和百间房、寺河、北朱村等学校任教。在辛勤耕耘的 26 个春秋中，他为青少年的课外科技活动，做出了突出的贡献。特别是在 1975 年之后，其在潜心钻研科技知识的同时，致力于学生的课外科技辅导。本着少花钱、多办事的原则，购置了仪器零件等，自制了土壤、植株、肥水速测箱，并且，坚持长期辅导学生化验、检测。功夫不负有心人，他在勤奋执着中，成功研制出了“5406 菌肥”“土氨水”；翌年，又指导学生土法研制出“兽用土霉素”“灌封中草药安瓿”等中药制剂，很受农民欢迎。1977 年，他辅导学生研制出“地应力、水电导、生活电简易地震三用仪”，由于检测准确和效率高而蜚声省、市。其所在的北朱村学校，因此被评为“河南省地震群测群防先进单位”，他本人也被评为先进工作者，光荣地出席了河南省科技大会，并担任“河南省青少年科技辅导员协会”常务理事。

1979 至 1991 年，他当选为焦作市第五、第六届人大代表。

1982 年退休后，他仍把满腔热血倾注在教育事业上，继续辅导学生进行科技研究活动。1983 年，全国青少年科技领导小组在北京召开表彰大会，授予他“1982 年全国优秀青少年科技辅导员”光荣称号。从此，他在全国挂上了号，成了远近皆知的“明星”，受到了联合国科教文组织的关注。

1984 年 3 月 26 日上午 10 时，联合国科教文组织技术顾问、地球物理专家杰克·柴维尼教授，在国家地震局物探队长、中国地震学会常务理事、高级工程师孙武城，和河南省地震局监察处副处长李廷栋、副主任荆智国等陪同下，莅临参观了北朱村学校的地震群策群防成果。柴维尼教授通过翻译李松林，询问了该校地震测报组的活动情况，会见了张景其及其助手张习道老师和学生梁和平、樊建庭等，并与之亲切握手、交谈。当他了解到张景其老师退休后仍不计报酬，继续从事地震测报工作时，连声称赞“Ok, ok”！当柴维尼教授得知该校地震测报组，从事深井水位与地震波记录及地下水化学分析、活动断层附近地下气体分析与地震相关性的研究探讨，特别是自力更生、自制土仪器，开展地震测报活动的情况后，更是激动异常！除挥笔签言留念之外，还热情地邀请该校师生与之合影留念。不认识汉字的柴维尼教授，指着门楣上的“青少年科技之家”牌子，用英语问李松林。当翻译说出后，柴维尼教授又问：“这是什么意思？”

当张景其老师用英语回答、解释时，柴维尼教授惊奇极了！兴奋地为张老师连摄了两张照片！以下是有关签名、留言——

柴维尼教授的留言，翻译成汉语是：

我希望您和您的学生　地震研究取得更大成功

致最好的祝愿

柴维尼

查理士大学　布拉格

捷克斯洛伐克

孙武城签言道：

参观印象深刻 热爱教育事业专心研究　数据现象很有意义 进一步钻研　将有科技成果

国家地震局地球物理勘探大队　孙武城

1984 年 3 月 26 日

离休干部张守智

根据张守智子女家文、家喜，侄家振提供素材整理撰文

公元 1917 年 7 月 1 日，张守智出生在河内县东北社北朱村（今焦作市中站区府城街道办事处北朱村）贫苦农民张式兰家中。自幼的艰辛苦难，砥砺了他坚毅顽强的品格。

1946 年 1 月，张守智在家乡参加革命。在为革命、为党辛勤奋斗工作 35 年之后的 1981 年农历 6 月 19 日，终因积劳成疾而病倒在了新乡宾馆里正召开的会议上。他在获嘉县农业局副局长任上离休。革命战争年代，他视生死寻常事；和平建设时期，他殚精竭虑工作。在这位老革命的身上，曾经发生过许多传奇而又感人的往事。

张守智参加革命时，革命形势异常严峻。伪顽反对势力垂死挣扎、大肆勾结，

疯狂反攻解放区。他毅然决然地参加了博爱区干部工作游击队（简称“区干队”），随区干队政委韩士源率领的周波、赵秉让游击队转战博爱、太行山区两年之久。在多次游击战中，经常被敌人包围，殊死拼搏中经受住了生与死的考验。

他亲眼目睹了年仅 23 岁的赵秉让在转移中被捕、遇难；史化民被叛徒出卖后坚贞不屈、大义凛然！得知叛徒泄密消息后，张守智内火中烧，随区干队立即采取行动，逮捕了叛徒。区干队随即召开公审大会，用大刀结果了这个可耻叛徒的性命！区干队就是这样以最小限量的生命代价，最大化地打击敌人！区干队每召开一次会议，至少就要镇压一到数十名的罪大恶极者。打击了敌人的嚣张气焰，极大地鼓舞了广大军民的斗志！

1947 年 8 月，张守智随区干队奉命下山执行任务。在途中的半下午时分，被贵屯村北地柿树上的伪军哨兵发觉，立即报告给了头领。这头领是个老兵痞，设好了包围圈自是得意。区干队仍在行进，顽固军头领突然大喊：“放下武器，缴枪不杀！”兵贵神速啊！就在敌军等待我军回话的短暂时机，指挥员韩士源临危不惧，迅疾观察了地形，很快发现南边敌军兵力薄弱。如若平时此情，区干队都要立即返回太行山根据地，但这次指挥员果断下达命令：“不回太行，向南突围！”霎时间，区干队枪声大作，勇猛地冲向南方！边战边撤地激战到天黑，才到达了沁河沿上。沁河游击队闻讯接应援助，在沁河桥上架起机枪阻击，战斗异常激烈！撤退中，腿上中弹的张怀义，倒在了张守智的前面，他立即跑上去救援。但张怀义拒绝：“守智，我不行了！带上我的枪，快撤！”张守智含泪带着战友的枪，放心不下地扭头看去：可恶！反动派的罪恶刺刀，已经捅入了这位战友的胸膛！战后，区干队上报了张怀义的事迹，追认他为“革命烈士”。张守智当时与烈士近在咫尺，随时都有生命危险，但是，他从来没有胆怯过。

张守智经历过大小无数战斗，其中的一次战斗令他终生难忘：1948 年正月十六日太阳落山时分，区干队奉命下山，到阳庙五区执行任务。那晚，他们正在五区派出所里开着会，突然被敌军包围。张守智和派出所所长鲍立升立即用目光交流决定：突围！他们带着十几名同志，要从阳庙镇西门打出去！到了西门，撂倒了几个守军，才勇敢地冲了出去！对于这次战斗，后来任博爱县公安局局长的鲍立升，说起来仍是记忆犹新！

张守智在博爱五区期间，与区干队战友浴血奋战，曾多次配合主力部队，参加了解放博爱、武陟、修武、焦作、新乡、获嘉的战斗。打下获嘉后，他留在获嘉接收地方政权；打新乡时，他在后勤做支前工作。当时，本村的张全川战斗负伤，他急着为其找担架。实在找不到时，就毅然摘下自己居室的门板当作担架！

每次战斗，他都将生死置之度外，勇敢地冲锋陷阵！他那“视生死寻常事”的佳话，至今仍被其当年的战友及知情者口碑相传！

焦作解放了，共产党的政权在枪杆子下巩固了，张守智告别了战斗生涯。和平建设开始了，他全身心地投入到了经济建设之中。1958 年 11 月至 1981 年，他任获嘉县农业局副局长期间，为农业大丰收奔忙着。他曾带领多名技术人员，到海南培育小麦、玉米优良品种。他曾多次为本村同到海南育种的张咸富提供过帮助。

张守智始终保持着革命本色，见利益就让。改革开放以后，组织上落实有关政策：认为他是解放前身经百战的共和国功臣；解放后，又辛勤地工作了数十年，级别太低，应该尽快晋级补上。但是，他不接受，组织上多次找他谈话都被谢绝。他说：“我老了，家庭又不困难；为我晋级，不如给那些正在工作、家庭困难的年轻人晋级，好让他们解除后顾之忧，更好地为党、为国家工作！”

上级领导深为他的无私选择所感动！差人写成典型材料，在县广播站连续播放多天予以表彰，并号召大家学习他！

他的高风亮节，为许多人称颂！1988 年因病逝世后，获嘉县委组织部、老干部局及县农林畜牧局等联合为其召开了隆重的追悼会，以彰其荣！

搁笔之际，让我们以悼词、挽联文字摘录的形式，作为慰藉英灵的结束语吧。

“张守智同志为了祖国的解放事业，为了新乡地区——特别是获嘉县的经济发展，做出了不可磨灭的贡献！”

“生死寻常事，奋斗与存同。”

附：

一、主要履历

1946 年 1 月～1948 年 1 月　随区干队在博爱打游击 证明人 李鸿臣
1948 年 6 月～1949 年 10 月　在博爱五区当行政秘书 证明人 郭连安
1949 年 11 月～1950 年 7 月　在获嘉一区任行政秘书 证明人 朱法元
1950 年 8 月～1952 年 8 月　任获嘉县人委会（政府）股长
1952 年 9 月～1953 年 9 月　任获嘉县三区副区长
1954 年 11 月～1956 年 11 月　任获嘉县冯庄乡乡长
1958 年 10 月～1981 年　任获嘉县农业局副局长

二、有关说明

① 张守智“主要履历”，依据为获嘉县档案馆档案资料。

② 张守智曾被人们誉为“农业种植技术专家”。

③ 由于张守智工作成效显著，曾被新乡地区、获嘉县 10 多次表彰、奖励。

三、此文根据中共中央组织部、中共新乡地委组织部有关材料缩写。

忠贞无私张景石

根据张景石子女征云等口述素材整理撰文

在 1945 年国民党反攻倒算的白色恐怖时期，地下工作者张景石加入了中国共产党。

1908 年农历二月初四，张景石出生在北朱村一个贫苦农民家里。他从小劳作，受尽艰辛，盼望新生活。下面，我们就从头说起吧——

苦难农民追寻党

成年后的张景石，苦苦挣扎在死亡线上。

民国三十二年（1943 年），家乡天灾人祸加剧。连年的蝗、旱灾害，兵荒马乱，匪抢不断，连吃糠咽菜都是难事。家乡的草根树皮都挖光了，民不聊生、饿殍遍地。张景石家饿死人在眼前。为了活命，他先是将二女儿给了别人；紧接着全家逃荒要饭。他带着年迈的母亲、女儿和妻子，一路乞讨逃荒到徐州。餐风露宿是常事，整天饥肠辘辘，一年中受尽了非人之苦。眼看着就要饿死，想着必须回到故土去。

1943 年，他们全家四口人好不容易回到了家乡。不仅仍是吃不饱、穿不暖，还不时遭受日本鬼子、国民党反动派和地主恶霸的打骂欺凌！百姓们都难活命，怨声载道、议论纷纷，恨不得马上逃离或是报仇！议论中，他听说共产党能够救穷人，专为老百姓当家做主；共产党领导的八路军队伍，就在不远处的太行山上！听到这个天大的喜讯，张景石有了活下去的希望！于是，他和妻子商量：找共产党去！他暗暗下定了决心：一定要找到大救星共产党！

当时，他的家乡北朱村是伪顽敌占区，百姓们的行动受到限制。为了尽快找到共产党，他只能早出晚归。有时，他天黑出去，半夜或是天不亮回来；有时，天亮了不敢回家，只好流落在外。

精诚所至，金石为开。经过一年时间的千辛万苦寻觅，终于在博爱县上期城一带，找到了活跃在乡间的共产党！

当时，中共地下党的联络人是刘聚奎。初见到共产党领导的张景石，激动得热泪盈眶！看着他那破衣烂衫、露着脚丫子的破鞋，刘聚奎的眼睛湿润了！就凭着中共领导人的这份感情，张景石觉得找对人了！从此，他在党的领导下，积极开展地下工作，并加入了中国共产党。

出生入死为革命

张景石走上了革命道路，心里别提有多高兴了！他尽最大的努力积极参战，发奋工作。

1946 年，为保存革命实力，我军二次备战上山。张景石的家乡北朱村，一度落入国民党反动派的魔掌。国民党的爪牙王凤银，霸占了北朱村。为加强防御和监视村人，他们在一道街西头的丁字口修了一座炮楼，瞭望、站岗放哨的伪军多如蝼蚁。张景石的家，就在距离炮楼 50 米远处西侧的胡同里。大院中聚居的 10 多户人家，全都在敌人的监控之中，行动受到极大限制。

当时，张景石是博爱县四区（驻地阳庙）特派员，主要任务是为太行山上的游击队送给养。他忙得很，一年多都没有回过家。

支前任务很是繁琐、具体。在四区区长李正千、政委韩世源的配合、支持下，他与周波、赵秉让等战友通力协作，秘密联系阳庙镇镇长邱佰怀及各村保长、村长，发动妇女们做军鞋、缝军衣，并为部队亲人筹集粮食。等到筹集得多了，再一并送到山上。这些不仅是必需的生活用品，更是极大的精神鼓舞！八路军、游击队的一个个大胜仗，与人民的支持和“后勤部长”张景石的出色工作密不可分，军功章上有着他们的极大功劳！

忠于革命的军人，战争年代是把性命别在腰间的，指不定啥时候就会丢掉。1947 年春，是国共拉锯战白热化的非常时期。游击队下山执行任务时被敌人发觉，途中展开了激烈的战斗。游击队采取游击战术，边打边撤，张景石不幸腿部负伤。他忍着剧烈疼痛坚持战斗，殷红的鲜血顺着腿部直往下流。打到南朱村北地时，他实在难以坚持，滚到了荆棘丛中逃过一劫！在那生与死的战场上，战友们众志成城、休戚与共，哪里会舍得丢下他？战友申乃宣招呼大家帮忙，用老百姓送来的门板，把昏迷中的他悄悄抬走，辗转沙丘铺、阳庙后，才把他送到当时的根据地十二会村疗伤。战事吃紧，游击队通知家属护理，他的二弟张景渠随即上了山。

革命战士前仆后继，这话说得一点也不假。养伤中的张景石心焦如焚：根据地缺粮少物！他由于自己伤痛不能下床，所以决定让二弟接替他的任务。为了尽快找到地下党，他还让张步写好密信交给景渠。这也是没办法的事，二弟没有经验，他很不放心！临行时千叮咛万嘱咐："路上一定要加倍小心！一旦被敌人发现，首先是销毁密信！"景渠记住了兄长的话，也是好样的！当他行至黄侍郎口时，被邱恒千发现。景渠急中生智，将密信塞进了嘴里。但慌乱中掉下了一张，敌人一把抢了过去。情况暴露，景渠被五花大绑抓走，受尽了酷刑：先是拳打脚踢，接着又用烧红的烙铁烫烙他的身体……任凭头破血流、皮开肉绽，他始终守口如瓶！就这样，景渠被关押进北朱村祠堂内的小黑屋中。这是因为黄侍郎口离北朱村近，当时反动武装就盘踞在北朱村。

张景石的妻子石正君闻讯心急如焚，急忙让大女儿征芳到沙丘铺、北西尚村一带找组织汇报。韩世源政委闻言气愤填膺："太过分了！小米你走吧，他们的家属在我们共产党管辖区内！他们不仁，别怪我们不义！明天，他们一定会放人的！"果真，第二天景渠就被放了出来。为了革命，为了劳苦大众得解放，张景石不仅自己流血负伤，还把一家人都拉到了革命队伍之中！

全家齐心闹革命

在张景石的言传身带中，他们家成了"红色家庭"。

他备战上山之后，一家人生活的重担，全都落在了妻子石正君的肩上。她除了务农干活之外，还得弹花织布、连明彻夜地劳作。

一次，国民党杂牌军首领王凤银派人到北朱村张景石家中搜捕，企图找到游击队的下落。他的妻子石正君闭口不说。杂牌军把他们家翻得乱七八糟，抢走了仅有的一点米面，砸坏了家具、锅碗瓢勺。灭绝人性的匪徒们还嫌不解气，反复把石正君吊到梁上，多次用绳子抽打。末了，他们把遍体鳞伤的石正君放下来，把一块大石头压在她的身上，逼迫她说出张景石的行踪。石正君坚强不屈，只说了"自打走后就没再回来过"一句话。敌人通过她找到游击队行踪的阴谋破产了！

作为革命者家属，白色恐怖下遭难重重。那年，石正君刚生过孩子才半个月，王凤银部下就找到家中，企图通过张景石的家属找到游击队。他们气急败坏得如同一群疯狗，进院碰见张景在，气势汹汹地端着枪逼问："张景石住在哪屋？"张景在指给他们看无人居住的空房子。在他们迟疑之际，邻居们帮石正君抱起孩子，掩护她翻墙而去。匪徒们没有找到石正君，把一腔恼怒洒在了张景在的身上，恨恨地扇了他两个大耳光后，臭骂着愤愤离去。

一年秋天，玉米已经秀穗儿。他让征芳到贺村给邱佰怀送信。信是送到了，但回来时因天黑迷了路，被一位“正好要去北朱村”的老妪领走。征芳觉得她领着走的方向不对，哭着不走。恰在是时，两个男人赶了上来，问她是谁家的孩子，当得知“张景石”三个字时立马说：“我们才是真正的北朱村人！”老妪闻言吓跑了。两位同村人的及时赶到，避免了征芳被拐骗走。

由于院中家户多，张景石的家人放着大门不敢走，进出得翻墙、钻水道。一天，石正君和次女张明珠从地里摘豆子回来，不敢从大门回家。石正君正将明珠举到墙头上，忽听“来人了”的报警，明珠心一惊手就软，从墙头上掉了下来，摔掉了两颗门牙，满脸是血。石正君不让女儿哭出声，怕招来敌人，再次把女儿举上墙头，翻墙回到了家中。

一次，征芳从阳庙送信回来，途径黄侍郎口时，见到一个酷似蒜槌儿的东西，好奇地把玩着带回家。走到村口，碰上几位叔叔。其中一位叔叔说：“小米啊，这是一颗手榴弹，幸亏没有拉线。不然，你可就完了！”这位叔叔让征芳把手榴弹扔到了枯井里，避免了悲剧的发生。

穷人的孩子早当家。1948 年五六月间，政治形势已经明朗：共产党胜利在望！但是，日暮途穷的国民党杂牌军狗急跳墙，加紧了对张景石家的看守。景石长期不在家，石正君行踪时时被监视。一天拂晓，石正君把征芳叫了起来：“实在揭不开锅了，小米你去阳庙四姨家找点儿吃的。路上小心！”因怕开门声响惊动敌人，征芳又从水道钻了出去。一路上还怕敌人跟踪，绕着路到了四姨家里。四姨先让她吃饱了饭，又给了她两升玉米。午后，征芳带着玉米回家，走到小尚西地，天就黑得看不清路了。征芳的哭声惊动了一家好心人，他们收留她住了下来。翌日天还不亮，征芳就上了路，终于回到了院外。征芳在西边院墙外喊：“妈，快来接粮食！”一位婶子低声说：“小米别喊了，你妈又被抓走了，全院的人都躲了起来；婶儿把粮食隔墙接过来，你还是顺水道钻进来吧！”征芳从水道钻了进去，快步走到屋里，一副令人心酸景象让她热泪盈眶：屋里又被翻腾得乱七八糟；熟睡在两个门墩上的妹妹们，鼻涕和着泪水往下拖得老长！她的二妹六岁，小妹才刚满两岁！征芳傻站在屋里不知所措。那位婶子说：“他们连拉带打地把你妈给抓走了，关押在村里丁字口的炮楼里！”

十二岁的征芳无计可施，只好跑到山上十二会村去找父亲。父亲不在，韩政委听完小米的哭诉后安慰道：“小米别害怕，他们嚣张不了几天了！回去好好照顾妹妹们，这事我们会尽快处理的！”

石正君被关押期间，邻居们纷纷相助，经过多番交涉，匪徒们才答应每天只准送一顿饭。可怜的征芳小小年纪，送饭时还要经过几道匪徒们端着枪的岗哨，只吓得心惊肉跳！第一次进屋见到母亲，遍体鳞伤地躺在地上，匪徒们还在逼问：“张景石啥时候回来过？都和谁联系……”石正君不愧为革命家属，虽多次被吊打、折磨，但仍坚强地紧咬着牙关只字不吐！

大约三个月后的一天，征芳又去给母亲送饭时，一路上连一个带枪的伪军都没看见。进屋一看，伤势严重的母亲仍躺在地上。不一会儿，韩政委和张景石也进了屋。他们不约而同地说：“解放了！敌人有的被抓，有的逃跑！树倒猢狲散——再也没有人敢欺负我们了！咱们回家吧！”石正君终于死里逃生，结束了厄运！

正直无私志不移

“太阳当空雾霾尽，穷苦人民翻了身；苦尽甘来感谢党，不谋私利为人民！”这不是豪言壮语，而是张景石的肺腑之言。他是这么说的，更是这么做的。

1948 年 9 月，焦作第二次解放。受上级领导韩世源、周波、赵秉让和李正千的委派，张景石当上了村政治主任（党支部书记）、农会主任，领导村民大搞土地革命。

1950 年，土改工作结束后，任本村中共党支部书记的张景石，因腿部弹片未被取净而发炎、流脓，走起路来一瘸一拐。但是，他坚持工作。在此期间，政委韩世源和周波等领导不断到家中看望。一次，韩政委抚摸着征芳的小辫子，惋惜地说道：“小姑娘啊，我要走了！你要是个男孩儿，我非把你带上战场不可！”接着，他又转脸对张景石说：“景石同志，这次，我可能要奔赴朝鲜战场！我这一走，不知何时才能再见面！我趁走之前的这段时间，给你办好了荣军残疾证。将来，可能对你和子女都有用处……”没等韩政委把话说完，张景石就接话道：“要那干啥？我不要庄，不要地，就要社会主义，要共产党的领导！现在，我们翻了身，当家做了主人，有吃有喝、不受欺辱，就很是心满意足了……”

那日，张景石和韩政委等亲密战友说了好长时间心腹话，临走时仍是依依不舍——可见战友情谊之深！

领导前脚离开，张景石就将那张荣军残疾证点火吸烟用了，石正君拦都拦不住！她哭了：“她爹呀，这点儿东西能压塌你多大地方？全家人帮助你闹革命，连命都差点搭上！这会儿，你连一点儿后路都不给孩子们留……”景石笑着说：“你懂啥？我不留庄，不留地，就留一个幸福的社会主义，足够了！”

直到1955年，张景石一直担任村党支部书记。新中国成立后，经济仍然萧条。他为了尽快让村人们都过上好日子，整天瘸着个腿忙得不着家。尽管腿部肿得老高、流脓滴水的，但每次外出开会从不缺席：不仅经常到县、区开会学习，一走就是十天半月，甚至月余，还到太原、武陟大虹桥等外地参观学习——说他殚精竭虑恰如其分！

张景石真是老革命：不仅带病一心扑在工作上，还从来不向组织伸手。他的那份公心，实在令人难以想象：达到了舍弃小家为大家的境界！家中无论是耕种还是收割，全都由石正君操持，连邻居们都不忍心！他本家的三叔张思喜那几位身强力壮的儿子景美、景良、景孟等，经常帮助他料理农活。他们是石正君的左膀右臂、好帮手！

张景石事业上成功了，但却亏欠了家里许多：既不是好丈夫，也不是好父亲。

有一年，张景石到区上开会，眼看着年关临近，但一走就是好长时间。看到别人家置办年货，孩子们都添了新衣服，还没到新年就试穿着到处炫耀，他的小女儿米珠哭了！石正君宽慰道："等着吧，你爹回来一切就都有了！"全家人盼星星、盼月亮，直到大年二十九那天，两手空空的他才回到家里。石正君哭了，他急了！那时候干部不挣钱，一个钱逼倒英雄汉！一怒之下，他跑到密友张志月家借了12元钱，立马跑到村里集市上买了花布。石正君连夜掌灯裁缝。次日就是大年初一，小米珠才穿上了过年的新衣裳！

张景石从来都不给组织、领导上说自己的困难。倒是那条伤腿，强加给了他许多的苦痛，还不能干重活。实在无奈，他只得让家人陪同，到南朱村鲁三和那里取净了弹片，腿伤才逐渐好转。但是，每逢天阴下雨，他都得忍受不时的剧痛，从来没有对任何领导提起过腿伤的事。

张景石正直无私，真是名不虚传。大约1962至1963年间，长女征芳告诉他一个天大的喜讯：韩政委早已安然无恙地从朝鲜归国了，到开封市当了市长！之后，母女们都劝他去找韩政委补办个荣军残疾证。身体已经残疾多年，想不到他仍是坚决拒绝："不必要！咱人穷可不能志短。现在生活这么好，咱知足吧！"

张景石随着历史的潮流奋进：互助组、合作社、人民公社，他时时跟党走，事事听毛主席的话，一直在农村最基层当干部。1969年，他还作为贫宣队进驻本村学校，为教好孩子们操劳。

他对家人更是严格要求公正无私。当了多年的村党支部书记，妻女们积极要求上进，多份入党申请书都被他压了起来。他阶级觉悟高：一个有历史问题的弟弟，政审在他这儿就不能过关！他每每如此说，石正君都会反驳："俺娘儿几个提着脑袋帮你搞革命，难道就忘了？”说归说，他到底没有解决一个自己家人入党的问题！直到改革开放后他不在了，四女儿才入了党！

他一贯注重党的优良传统教育，即使是病重期间也念念不忘。1979 年，因常年积劳成疾，体力日渐不支。家里经济拮据，街坊邻居都劝他：“您是为革命负伤、累病的，找找政府吧！”他坚定地说：“政府容易吗？如果大家都找政府，又该给国家添多大负担呀？”

他虽有“五朵金花”，但老来得子最是宠爱，对儿子的教育尤为殷切。在他病重期间，由于群众基础好，看望的人群络绎不绝。只要稍有空闲，他就把儿子张征发叫到跟前念叨：“根（张征发乳名）啊，咱可不能忘本啊！要像你爹一样顶天立地、有志气，自家的事情自己扛，不要靠政府照顾，自力更生才算有出息！”

在他奄奄一息之际，还喊着村上每个共产党员的名字。他拉着党员王红英的手说：“红英啊，我参加革命以来，已经大半辈子。从没做过一件对不起党和社会的事，也没有做过对不起老少爷们的事——我可以问心无愧地去见马克思了！只是，我亏欠他们娘儿几个的太多，没有机会偿还了！”那日是 1980 年的农历腊月十四，这位老革命、老支书，因肺穿孔医治无效与世长辞。

当时的北朱村党政班子成员和全体党员，全都参加了为他隆重召开的追悼会。村党总支书记张守荣主持并致辞，宣读了张景石一生的革命历程、主要功绩。结束语是对他的评价：

“景石同志的一生，是革命的一生，战斗的一生！他为中国人民的解放事业，做出的贡献不可磨灭！他是北朱村党建和农村政权的开创者，是革命的老前辈！他走完了艰苦卓绝、浴血奋战、保持本色、光辉灿烂的人生历程——好样的！景石同志，安息吧！子孙后代会怀念您的，完成您未完成的业绩！”

会场一片哭泣，天地为之悲哀！中国共产党的优秀党员，如同一颗璀璨的明星，在人们的沉痛哀悼中陨落了！

张守文是高尚人

——难以抹去的记忆

马恒昌

【按语】我的父亲张守文，字光华，1917年4月8日生于今焦作市北朱村。1937年毕业于洛阳师范学校（即今洛阳师范学院）。1938年和我母亲许子美先后到八路军抗大一分校（即华北军政干校）学习后，在博爱、济源等地配合张璋同志开展民运工作，直至豫北沦陷。1948年12月起在郑州市公安局工作，主要任务是负责政治治安。1974年起正式留任在调派的郑州市煤建公司，1979年光荣离休。2006年12月20日在郑州去世，享年90岁。本文是父亲在郑州市公安局时的老战友马恒昌叔叔于我父亲去世后所撰写的回忆录，他离休前任郑州市公安局刑侦处处长。（张弦生）

张守文同志是一位革命老同志。他给我的印象是忠厚老实，工作任劳任怨，勤恳敬业。

据我和他的接触，所了解的一部分经历，回忆如下：

张守文同志在1948年郑州刚解放，就投身于革命队伍中，被分配到郑州市公安局政治治安部门做政治治安工作。1952年，他被派遣到国民党潜伏特务尚某某组织的“中南反共救国团”做卧底。那时我只知道张守文同志是以行商的身份，以“郑州绥靖公署二组”潜伏特务的身份打入了敌人内部的。“中南反共救国团”总部在武昌，尚某某是“中南反共救国团”郑州支队的负责人。张守文同志经常往返于郑州至武汉之间。因为是单线领导，具体工作情况我不很清楚。但是我观察到张守文同志经常是风里来，雨里去。他对待这项出生入死的工作，从不讲价钱。

这个案件破案后我知道了张守文同志的两个故事：一是有一次他去指定的接头点汇报工作时，在接头点的大门口遇见了敌人的第四号人物。当时张守文同志十分冷静地以找人问路的方式机警地避过了敌人，避免了险些被敌人发现去处而暴露身份。二是有一次张守文送“敌人活动动向报告”，为了按时送出，并为了躲避敌人的视线，他冒雨绕道步行七十多里的乡间土路，到了接头点已是浑身泥水。那个时候，哪有车辆？都是步行，工作环境条件十分艰苦。他从来都是以那张为了完成任务而自豪的面孔去对待他所做的工作。此“反共救国团”于1956年12月份破案。张守文同志受到了郑州市公安局的嘉奖，荣立三等功。

我和张守文同志真正的接触，大约是在1959年的春季。市局为了破获郑州市搬运公司潜伏特务杨某某组织的“军统山西驻郑州情报联络站”案件，将张守文同志调我们科工作，属我科领导，与张其功和我单线接头联络。张守文同志是以会计的名义，以国民党“郑州绥靖公署”潜伏特务的身份，与军统郑州联络站站长杨某某接头的。当时杨某某是郑州市搬运公司二马路站搬运工，杨某某受军统局台湾中委会二组领导。

张守文同志的工作精神和能力令人佩服。他到任的第十四天，就打通了和杨某某的联系，一个半月之内取得了信任，接上了线。那正是全国开展大跃进时期，对这样的速度，当时的郑州市公安局局长李平十分赞赏，表扬他是“神速侦探”“大跃进侦探”。张守文开展工作不到半年的时间，这个“军统山西驻郑州情报联络站”站长杨某某突发心脏病而死，从此和台湾特务组织的联络断了线。由于刚开展工作，杨某某尚没有向张守文透露台湾接头人和接头联络方式、联系暗号时发生了变故，张守文同志很后悔！张守文同志和市公安局、省公安厅等大家都想了很多办法，始终没有联络上，这个案子经省公安厅批准暂停了工作。

1961年底，郑州市煤建公司，有个付某某散布反动言论，预谋组织反革命集团。市公安局研究决定派张守文打入内部开展辅助侦察（原有一名内线已经打入），张守文的任务是协助传递情报，考核内线工作。在决定派张守文打入之前，局领导是有顾虑的，因为是辅助工作，怕他不接受。实际上经过简单的谈话，张守文同志就愉快地接受了任务。张守文同志不讲名利，不讲职务高低的态度得到了领导和同志们的叫好。领导多次表扬，树立他为任劳任怨工作的旗帜。

张守文同志到市煤建公司后分内工作完成得好，分外工作也争着干。例如当时大石桥西南的沿河路上，经常发生拦路抢劫、拦路强奸案件，弄得这一带群众人心惶惶，夜晚女同志上下班不敢走那里。张守文主动请战。组织上怕影响他的健康不同意。张守文为了保卫一方平安，又再三请求。最终局领导批准了他的请求。知道他身体有病，就反复嘱咐他注意安全，身体健康第一。他接受任务不到半个月，就摸清了受害人的住址和两名罪犯的体貌特征，为破案提供了有力的依据。市局刑侦大队报请市局批准抓获了两罪犯。其中一名是累犯，拦路抢劫强奸多达二十一次。张守文同志荣立一等功！破案后很长时间过去了，受害人去市公安局送感谢信时，组织上才知道张守文为了取得第一手材料，曾连续蹲点守候，一次两个后夜；又一次一天一夜四十多小时。可想而知他那认认真真的一不怕苦、二不怕死革命精神的可贵！

1962年底针对付某某的案件，根据中央公安部指示精神，在三年困难时期散布反动言论的人不应以反革命论处，市公安局决定停止侦察。一旦再发现问题，交群众批判斗争，监督改造。故对此案结束了工作。张守文同志也完成了他的历史使命。

张守文同志的言行表现，是这一代人对革命事业忠诚无私的缩影。张守文同志实践了做一个有革命理想和实际行动的人；做一个有群众观点、为人民大众多做一点工作的人；做一个对同志不争名利永远抱有团结善意的人。这样才是一个高尚的人，这就是张守文走过的人生道路，这是他用行动书写的自己的历史故事。

古籍编审张弦生

张弦生（1944年11月～），笔名弦声。河南省焦作市中站区北朱村人。河南教育学院中文系本科毕业。编审，曾任中州古籍出版社副总编辑。

他于1964年9月在郑州博物馆（时名郑州市文物陈列馆）参加工作，从事文物考古研究。1968年12月下放到郑州灯泡厂。1976年6月，调到河南人民出版社领导的河南省《辞源》修订组。后在中州古籍出版社从事古籍编辑工作，直至退休。研究方向为中国古典文学。为中国水浒学会理事、中国《金瓶梅》研究会（筹）理事、中国三国演义学会理事、许衡研究会副会长、河南省古代文学学会理事、河南省杜甫研究会理事、汤斌研究会理事。

几十年来，他编辑文史古籍图书近千种，并发表古典文学研究论文一百余篇。已出版个人著作20余部，主要有：校点本《第五才子书施耐庵水浒传》（合作），1985年3月中州古籍出版社；校点本《伊川击壤集》，1993年4月中州古籍出版社；校点本《野叟曝言》（合作），1993年7月中州古籍出版社；校点本《醒世奇言》，1993年12月中州古籍出版社；《帝王学——文白对照贞观政要》（合作），1994年2月天津人民出版社；校点本《（但明伦批评）聊斋志异》（合作），1994年7月齐鲁书社；校点本《石点头》，1994年7月江苏古籍出版社；翻译本《中华百将奇谋大全》，1994年10月黄山书社；翻译本《文白对照全译智囊全集》（1～3卷），1995年中国文联出版公司；校点本《二刻拍案惊奇》，1998年6月台海出版社；翻译本《智囊全集》（1～3卷），1999年7月中州古籍出版社；著作《鸿爪雪泥录》，2004年5月天马图书有限公司；注译本《贞观政要》（合作），2005年5月中州古籍出版社；注译评本《百将图记》，2007

年 4 月河南人民出版社；校点本《说岳全传》，2009 年 1 月中州古籍出版社；校点本《说唐全传》，2014 年 5 月中州古籍出版社。

他所编辑的图书曾获中国图书奖、国家图书奖、国家社科项目优秀成果一等奖、全国图书金钥匙奖一等奖，“中国最美的书”奖、国家古籍整理优秀图书奖、河南省优秀图书一等奖，省“五个一工程”奖等多项国家级、省级奖。

张弦生将自己的大好年华，献给了祖国的出版编辑事业，成果丰硕。至今虽年逾古稀，但仍是笔耕不辍，发挥着可贵的余热。

下边，我们就引用著名文史学家栾星先生为张弦生的自选集《鸿爪雪泥录》所写的序言，去深入了解这位谦恭和善的学者吧——

《鸿爪雪泥录》序

栾 星

弦声张君连续在河南人民出版社、中州书画社及中州古籍出版社工作二十八年，其间担任中州古籍出版社副总编辑五年，今年已届退休。他整理在编务之暇所撰写的文章成册，题名《鸿爪雪泥录》，就要出版了。作为弦声的旧识与至交，我有幸成为此书的第一读者，并受托为之撰写弁言，虽不免有佛头着秽之虞，仍然是欣喜异常的。

这个集子由卷上往事篇与卷下学林篇两个板块构成。收入往事篇的文章，不拘是述往或忆旧，大体上皆记人与论事之作。叙说了生活征程中感触最深、所留印象最难以拂去的人与事。如《1966 年 8 月，小单位里的一件大事》《三代恩情》《黄河女儿梳妆来》《画不惊人死不休》《鄂尔多斯散记》等篇，都将是引人驻目并耐人品味与咀嚼的佳构。收入学林篇的文章，无论是小品或巨制，则多为阐释其担任责编诸书或与是书著者生平学行有涉的论述或小札。于此我愿向读者推荐《风情不薄是尧夫——论邵雍的理学诗》《杰出的编辑家冯梦龙和造就他的时代》《隋唐题材小说五评》等文。在论尧夫理学诗时，他由诗的理趣切入，揭示了其诗的理中寓趣或以趣喻理的理趣合一之美。尧夫以此独步诗坛，正是他“以理论为本，以修词为末”（《四库全书总目》提要语）的平易特色的显现。这也正是前人对尧夫多达二十卷的《伊川击壤集》多体味不足之处。其评介冯梦龙一文中，概述了这位在其生活时代无人可与之伦比的伟大思想家与编辑家的一生。我尤赏识文章结穴处，弦声君加给犹龙子的这样评价：“他以他的编辑活动，将一个时代的风貌，一个时代的思想文化精华留给了我们，也使他成为我国古代

出版史上杰出的编辑家。”中国近代学坛对明代晚期这个大觉醒时代之先觉者的研究中，目光多聚焦于李贽等，而忽略了甚或无视适足称为下里巴人知音的冯梦龙。这不能不说是一件莫大的憾事。对隋唐题材小说的评骘，大都写得言简意赅，各有新义，也会成为招人喜爱的篇什。好在这些篇什都很短，便宜浏览，这样也就无须我再饶舌了。

时光真如白驹过隙，来去匆匆。我初识弦声时，他在附设于河南人民出版社的河南省《辞源》修订组工作。那时他刚刚迈入壮年，飒爽英姿，风华正茂。而今则已鬓生二毛，隐现老态了。他在出版社从事古籍编辑这段长长岁月中，是勤勤恳恳并尽职尽责的；在学问上也有长足进步，做到了于职责应对裕如。由其躬亲编辑的出版物，累计已达五百余种，不仅数量可观，质量也较优。其中古典文学为数最夥。尤以《话说隋唐小说丛书》十种，《宋元话本小说总集》，《明清文言小说选刊》九种，《三言三拍》丛书六种（“三拍”谓初、二刻《拍案惊奇》加上由韩国传回的《型世言》——此书又名《三刻拍案惊奇》），《古典文学小丛书》（已出八种），及单行本古典小说《歧路灯》、《醒世姻缘传》，文史知识读物《千古之谜》（四种）、《春游琐谈》和《中国散文大辞典》，《中国古代剧场史》，《中州文献总录》等，或印数最多，或影响较大。而他从未以此自矜自诩，举止平易一如常人。他待人接物的敬慎恭恪，也是人所嘉许的。弦声今将退休了，忝为至交与同好，我由衷希望他对做学问一事，仍不要撒手。人老了，经历多了，见闻多了，读书多了，对人情世态的方方面面也思考得多了，可以持平待物与论世了，假若体力允许，应该说是人生做学问的最好时段；若以不作为的态度将其虚掷，那较轻掷青春岁月是同样可惜的。望弦声紧紧抓住它。即或不再开辟新领域，仅重新打开那曾经耳鬓厮磨的几百部书来，仍可继而写出不少非人云亦云而是饱蕴着真知灼见的好文章来的。我愿以此勉弦声：不要把六十岁退休看作人生作为的终点，而要把它视为是正待跨入“从心所欲不逾矩”（孔丘语）的那个人们在理性上最成熟的黄金时段。我相信弦声在有生之年，一定会再写出一本较这本书更加成熟的书来的。愿弦声好自为之，莫使老友这一企盼与预言落空。——虽然我今年已八十二岁，拟议中的这部新书，我势难读到了。

2004年3月1日孟津栾星敬书

栾星（1923~2016年），著名学者、诗人和河南地方文献专家，河南省社会科学院研究员。

军旅一生张西如

张西如是中国共产党的优秀党员，是我军优秀的政治工作者，是原云南生产建设兵团的政治委员，正军职离休。因患肺心病医治无效，于1988年11月15日晚8点55分在昆明逝世，享年74岁。

张西如1915年2月出生在河南省博爱县（今焦作市中站区）北朱村。1938年2月参加八路军，1939年2月加入中国共产党。在各个革命历史时期，历任学员、干事、文化教员、管理科副科长、民运股长、分区武工队政治委员、组织科长、民运副队长、云南起义部队暂编四十师军事代表，以及云南军区司令部人武处正、副处长，昆明军区政治部群工部部长，昆明军区政治部、国防工业工作部部长，云南生产建设兵团副政委、政委等职，1980年7月30日离职休养。

在漫长的革命战争年代，他参加了创建敌后抗日根据地、“百团大战”和反“扫荡”的战斗。解放战争时期，他参加过上党、闻夏、洪赵、吕梁、晋南、强渡黄河、宛东、洛阳、郏县、淮海以及渡江作战和解放大西南等重大的战役和战斗。他戎马一生，出生入死，浴血奋战，曾多次负伤。为中国人民的解放事业，做出了自己的贡献。曾荣获三级独立自由勋章和二级解放勋章。1962年被晋升为大校军衔。1988年7月，被中央军委授予中国人民解放军独立功勋荣誉章。

张西如是忠诚的共产主义战士，一贯忠于党、忠于人民。无论是在艰苦的战斗年代，还是在社会主义革命、建设时期，他都努力学习马列主义、毛泽东思想。坚定不移地执行党的路线、方针、政策，政治上与党中央保持一致。他作风简朴，为人正直，廉洁奉公、不谋私利，自觉服从党的需要，不计较个人名利地位。他工作勤恳，勇于负责，能够以身作则，联系群众，平易近人，关心和爱护干部。对子女要求严格，保持了共产党员的优秀品德；他坚决拥护军队精简整编和改革的决策，并模范地贯彻执行。十年动乱期间，他对林彪、“四人帮”的倒行逆施，进行抵抗和斗争。离休后，他仍关心国家的改革和部队的建设。

张茜如的一生，是革命的一生，战斗的一生，全心全意为人民服务的一生。他为中国人民的解放事业、社会主义建设事业，贡献出了自己的毕生精力。

寒门跃出县干部

1946 年的 12 月 1 日（农历冬月初八），张咸长在北朱村贫苦农民家中出生。他的父亲张述诗老来得子喜不自禁得百般宠爱。三年后弟弟小狮子降生，更为这个家庭增添了喜兴！但好景不长，父亲患病后半身不遂，思维下降。家庭的千斤重担，落在了他的母亲杜传馨肩上。这位看上去柔弱的刚强女性，服侍丈夫、养育幼子不辍劳作，硬是弹棉花、纺线、织布挣钱养家。

张咸长自幼聪明爱笑，很善于动脑筋、察言观色，闹出了许多的笑话。那时候农村人普遍贫穷，更何况他们这个家庭中的他。他见不得母亲挑牙嘴动弹，总是想着有点想吃。母亲有时用牙齿咬线头，他就急切地问："娘你吃的啥？"母亲闻言哈哈大笑，就会答应：等哪天出门，给他买最好吃的！然后，麻糖、糖人儿地只说得他嘴馋。于是，下次、再下次母亲干活时，他就会催问个不停。他很是懂事，经常逗弟弟玩儿。母亲虽苦，但看到他如此懂事，心里就甜蜜，充满了希望,有了盼头，说他生龙活虎，可爱！于是，他就称自己是"小老虎"。之后母亲干活时，就"狮子""老虎"地叫着。总之，他是在苦水里泡大的，但又能苦中作乐。

上学后的他学习很好，完成课业后爱下棋、练毛笔字。小学起就开始为这个十几户人家大院的大门写春联，引来众人的夸赞："长印（他的乳名）长大一定有出息！"

初高中时期住校，虽有助学金的资助，但仍是十分困难。好在母亲手勤、干净利落，一块补丁也打得整整齐齐。1962 年，母亲被选派到本村学校当炊事员，家里有了固定的长期"工分儿"，就决心供他上大学。他呢，也决心一搏。

当时的焦作就一所正规高中，他在焦作五中毕业后，以优异成绩考上了焦作一中。不想 1966 年高中毕业后，是"文化大革命"撞碎了他的大学梦。高考遥遥无期，整日里在学校不是"辩论"打口水仗，就是参与"革命行动"打打闹闹。他是个理智的人，性格比较沉稳，很善于思考：如此下去怎么能行？啥时候才能够挑起家里的重担、孝敬母亲？一个个问题困扰着他。最终，他选择了回乡务农——时值 1968 年。

回到家里，一切都得从头做起。他随社员们参加劳动，从记工员做起，很受人们喜欢。到了冬季，还到大队帮忙搞宣传。在与村人的接触中，他得以"小荷才露尖尖角”，逐渐被大队看好。1970 年 2 月，他先到大队当秘书，之后又担任大队共青团总支书记，还加入了中国共产党。两年的出色工作，被郊区党委选中。1972 年正式提干，被提拔到安阳城乡任党委秘书，开始了仕途的第一驿站。

1980 年 10 月，他上调到焦作郊区，到纪律检查委员会任干事，直到 1983 年。下一个“闪”职是：只当了 70 天的上白作乡乡长，就被调回郊区任办公室主任。

1985 年 8 月，他接到上级通知，离职到焦作市党校学习。正上着学呢，郊区党委换届，将没有到会的他选上了副县级的副书记。市委党校两年学习完成之后的 1987 年起，在副书记的位置上一直干到 1992 年底。之后，又调任焦作市司法局副局长。2001 年，在干部年轻化中，年仅 56 岁的他，从此离开了工作岗位。

张咸长的一生虽工作与职务多变，但却一直保持着勤谨清廉的劳动人民本色。他谦恭和善，遇事总爱设身处地想着别人，所以官声不错。他没有任何靠山，12 岁丧父，硬是靠着自己的智慧与干劲，一步步地升迁，退休后享受正县级待遇。他创造了人生自身价值的奇迹，也为后代树立起自强不息的榜样。望更多的“忠烈公”张昺后裔子孙以他为榜样，通过自身的努力，青出于蓝而胜于蓝。

他凭着品德、才华和能力，从农民，村秘书、团总支书记，逐渐到公社秘书、区政府办事员一路走来，直到区党委副书记、省辖市的司法局副局长。他清清白白做人，干干净净当官，实实在在孝敬母亲（无论工作在哪里，都要把母亲带在身边）。他是名副其实的好同志、好干部、好儿子！

张咸长无论文章还是书法都很在行，独辟蹊径地练成了“指书”。所谓的“指书”，顾名思义就是省去了握笔，将墨汁直接蘸到指头上书写——他又成功了！

勤恳笔耕张征兴

张征兴提供素材

张征兴1940年5月3日在北朱村贫苦农家出生，自幼承袭了先辈勤劳、善良、忠厚、诚恳的传统美德，正人君子形象鲜明。平生勤恳守信，是出了名的好人。

他自幼勤奋好学，先后就读于北朱村完小、焦作二中、焦作一中。

1964年7月，在郑州大学中文系毕业后，8月奉命入京，供职于中央国家机关的中国人民银行总行印制局（即今中国印钞造币总公司）和其所属的国营东河印制公司（即今成都印钞厂等工厂的前身），从事办公室及党办文秘工作。其间，曾先后到东北吉林农村和上海印钞工厂两地，参加社会主义教育运动（即“四清”运动）。

1976年9月，他因母亲身体欠安需要侍奉，申请调回故里得到上级批准后，调到铁道部焦作铁路电缆厂学校，从事教学、管理工作。在深入实践中增长了知识，点亮了人生，改变了命运，收获了修身齐家、提升素质等诸多满足。

他在创建特色学校、培养建设人材、传承中华文化、促进社会文明中竭智尽力，于1988年晋级为中学语文高级教师。同年，又被铁道部通信信号总公司聘为高级职务评委会教育系列评委委员。之后，曾先后到北京、西安等地参加高级职称评审10余次。1994年，被评为铁道部通讯信号公司的《铁道通号报》优秀通讯员。1997年，又被聘为《苏州铁道师范学院报》通讯员。

2000年5月退休之后，曾应邀参与《焦作文史资料》第六辑（即《焦作历史名人专辑》）和《焦作文史资料》第十二辑（即《焦作武术专辑》）等期刊的撰稿、编校工作。

1959年8月开始，作品见诸报端。

近些年来，应祖籍北朱村两委邀请，回村勤恳笔耕。长期任北朱村写作组组长.从事文化强村工作，带领村上老年人及退休教师一班人，深入对始祖北平布政使张昺、一世祖张琏及与之关联的文物古迹、村史等考察、研究、撰稿、编辑，出版了《北朱村文史资料》第一辑、《张昺墓祠专辑》等。

2017 年 5 月 5 日

朱村忙人张征保

张征保自 2008 年担任北朱村老年协会会长至今，为村里做了大量文化强村工作，是北朱村的大忙人。

1953 年 9 月 30 日，张征保出生在北朱村一户农民家里。1970 年 9 月参加工作，到焦作市塑料一厂（今焦作市永春塑胶有限公司）当管子车间操作工。1974 年从事钳工维修工作，1987 年又改行锅炉工。1999 年开始看自行车，2002 年内退。 2007 年正式退休，结束了工作事业生涯，却焕发了回村效力第二个春天的活力。

继北朱村老年协会会长张景美、张武熙之后，张征保当上了北朱村的第三任老年协会会长，从此忙碌起来。

首先是他勇于担当，传承北朱村红拳，组建武术培训班。其实，这项工作是从他办内退后就开始的。他聚集全村的武术同仁，商议组建村武术辅导站事宜。大家一致推举他为主管。最后大家不谋而合：决定在 2003 年 9 月 30 日 11 时 18 分鸣炮庆贺：北朱村武术辅导站正式成立！殊不知，此时恰为他的生辰。从此，他开始正式义务传承本村武术，大部分时间放在晚上。开始时因担心招收人员少，将培训地点设在闲置的前知青大院里。想不到“开市大吉”，当时就有四五十名学员踊跃参加——从此，北朱村武术义务培训走上常规化训练之路。

当年大雪纷飞时节，上级通知：邀请北朱村武术站春节到市东方红广场，参加“全市优秀民间武术展演”。喜讯传来，全村武术爱好者为之振奋，培训班学员们欢呼雀跃，练武者急剧上升至一百七八十人！发展势头喜人，村两委大力支持，辅导站将办公地点设在了村委会。村委会负责人张小爱语重心长地说：“今年春节咱村武术出来出不来，可就全看您的了！”武术活动轰动了全村，果然不负众望。北朱村武术在 2004 年“全市优秀传统武术展演”中表演精湛，参加人员最多。展演刚一结束，许多武术同仁热情握手夸赞：“北朱村武术表演得真好！”北朱村武术美誉不翼而飞！从此，武术也成了北朱村参加区、市武术展演的传统项目，并且越走越远。

2011 年，北朱村武术参加了“河南省豫北地区武术比赛”，喜获一、二等奖各 2 人，三等奖 3 人。之后的每年春节比赛、展演，都获得多个集体奖和个人奖。2012 年春节，还应邀出席博爱县东亮石元宵晚会。表演结束后，热情观众惊奇地问：“恁是哪个武校的？专业项目真棒！”当得知北朱村是业余武术辅导站时，他们恳切地说：“把俺的孩子也送到您那儿去学武术吧？”被他婉言谢绝：“离得太远，孩子们还小，路上也不安全。”

北朱村武术培训成果丰硕，桃李满天下。张宇昊在焦作上体校时，由于功底扎实，被体校作为重点培养对象，在“河南省体校武术散打比赛”中夺冠！两年毕业后被河北省武术散打队选中，获得“河北省武术散打比赛”金牌和奖金后不忘感恩师父，电话里叮嘱母亲：“一定要请村里老师的客！”在“全国武术男子散打锦标赛”中获得银牌后，他又在天津获得国家级比赛银牌。前年 9 月份，代表国家队参加在台湾举办的“亚锦赛”中获得铜牌。他的佳绩多得难以尽数。

通过张征保的言传身带，当年的培训班学员，如今有大学生，还有品学兼优的应届高考生。所有这些，他都感到自己的付出是值得的。

2006 年，他受村两委委托，负责修建“张昺陵园”。在长达近四年的建设中，有计划地于 2006 年完成了牌坊大门，2007 年修筑了仿古式围墙。之后，开始修建享堂、双层凉亭、碑楼、碑廊、花架等。种植了木瓜海棠、琵琶等珍稀果树，奇花异草的桂花、玉兰等自不必说。仰望祖宗忠烈公张昺、一世祖张琏等先辈们，安详地长眠于南方式的陵园之中，他欣慰地笑了。

为建设文化强村，在他的带领下，于 2009 年 3 月成立了村写作组，组织村上文化人和退休的干部、教师，为本村撰写村志、人物、古迹、文物、非物质文化遗产等相关文章。《北朱村文化志·上》已于 2012 年 9 月出版，开创焦作市村级出版文化志先河，受到了上级表扬。

写作组还完成了冗长繁杂的《传统村落档案》填写，为村里的古民居下拨款项提供了可靠依据。后来，上级下拨了不菲的修缮专款。由于密锣紧鼓地准备材料，成功申报了“中国第二批传统村落”，使北朱村成为全国 951 个传统村落之一。

还有很多许多应急之事，也由写作组去做。诸如接待省、市视察古民居并解说，为远道而至的观众当向导、解说有关情况等，也是写作组常做之事。

总之，写作组是村上义务写作队伍。助力村两委为文化强村做了许多有益的工作。所有这些，都是在村老年协会会长张征保带领下完成的。他是北朱村的大忙人，是文化强村的功臣。

《忠烈公张昺》原封面设计及其作者

《忠烈公张昺》早在2014年完稿后，两位我们张氏后裔能人生赋、克强，就已为封面精心设计完毕——在此一并诚挚感谢！

上面的照片是题书名的书法家张生赋在西王封我老家中的留影。

他1949年出生，毕业于河南大学中文系，中国书法家协会会员。曾任河南省书法家协会行书专业委员会副主任，中国煤炭书法家协会副主席，焦作市书法家协会主席等职。工作单位是焦煤集团，职务是党委副书记、工会主席等。

他的书法作品曾四次赴日本、韩国等境外展出；行书作品《出师表》获第六届书法篆刻作品展“全国奖”。

封面设计张克强是资深摄影、封面设计专家，博学多才且蕴藉内涵、沉稳谦逊，有君子风度。为设计好封面，曾带病不惜辛劳，设计出十多款封面以供选取。其之虔诚恭谨、至纯大孝令人敬佩！在此只选择了其中首次制作样书的一尊画像，以飨读者。因其不愿透漏自身信息，只能就封面说来。他义务为本村腰鼓录制的视频材料，已经上传“腾讯网”，点击率高，备受点赞！

更为令人感动的是他携上尊、下子嫡亲三代，共同为祖宗文化产业、文化强村义务操劳。其仙逝令尊治熙先生耄耋之年，还在殚精竭虑地为弘扬祖宗精神操劳，是村写作组骨干成员，撰写、积累了大量宝贵的史料。

其长子张盼虽年轻忙碌，仍承袭了父祖谦逊和善、多才多艺基因热心事亲，曾无计其数为本村多项活动摄影、录像，制作视频光盘等，作品丰富，成果丰硕！

张庆泽革命人生

张景亮

张庆泽，字恩波，今焦作市中站区南朱村人。1905 年生，稍长曾先后在博爱县公立第四高小、沁阳师范、焦作中福中学师范班求学。

1928 年师范毕业后，在乡村小学教书。他对国民党政府的腐败深为不满，思想倾向革命。1929 年 10 月，经中共党员郭凤锵介绍加入了中国共产党，并与之一道培养了一批积极分子，发展了七八名中共党员，组建了博爱县第一个党支部——鹿村党支部。该支部直属中共北平市委领导，庆泽任支部宣传委员。他以博爱县师范附小教导主任的公开身份，从事中共党的地下工作，向广大师生宣传进步思想和革命道理。同年，为方便工作，又打入国民党县党部，按照中共党的指示，积极开展地下工作。当时，原博爱县农民协会是国民党的官办机构，土豪、国民党员吕泽义是县农协主任。张庆泽和郭凤锵等通过清查吕的贪污问题，说服了博爱县县长张博文，以县政府名义撤销了吕的县农协主任职务，由张庆泽接任此职，积极发动农民运动。

1930 年秋，中共地下党已控制了国民党博爱县党部，利用工作之便销毁了干部的重要档案，保护了一批革命同志。

高云龙是阎锡山晋军部队万选才军原天才师部一个团的团长（该团驻清化镇），中共地下党在该团上上下下有 20 多人，开展革命工作基础好。高云龙不满国民党部队的腐败，思想倾向革命。加上中共地下党积极做工作，该团终于在

1930年9月31日夜发动兵暴（即起义）。当夜因内部有人告密，部队逃到十二会、桑园等山村。张庆泽等人和鹿村党支部的20多人，因不知兵暴变故，仍守候在贵屯村外接应。后因全部人员暴露身份，被国民党县政府派人抓捕。在这紧急关头，县师范附小副校长陈子茂连夜到贵屯通报了这个消息，支部临时决定疏散人员，保存实力，庆泽等连夜出逃。

1931年，他在郭凤锵的直接领导下，负责筹备博爱县首次农民运动。他利用师范附小教导主任的身份，宣传发动全县师生积极行动，组织慰劳团到乡村慰问农民，号召民众打倒土豪劣绅。农民运动的兴起，暴露了中共党的地下组织。为保存革命实力，中共北平市委决定：疏散党员和革命积极分子。他遵照党的指示，迅速外出避风。

1939年春，郭凤锵在南京被国民党释放后，到武陟县找他，商讨组织游击队开展敌后工作。两人重返太行山，再次发动、组织革命运动。因身份再次暴露，被日寇和伪军联合缉捕，遂于三月逃往洛阳等地。四处漂泊五个月后，向延安革命根据地投奔。不料行至西安，北去的道路堵塞。他在人生地疏、衣食无着，又多日患病的情况下，完全与党组织失去了联系，病愈后过着流浪生活。为谋求生计。他先后到黄埔军校七分校、河南省国民政府会计处和郑州第九联中等处任职。解放后返乡，1952年病故。

张培武是老革命

张培武于1919年2月出生在南朱村一个贫苦农民家里。就在他12岁那年，博爱县陆村扶辅学校的老师郭凤锵、李凤岚到南朱村宣传革命思想，激起了他的革命热情，参加了抗债斗争。1932年，本村老财得知此事，指使联保抓他这个年仅13岁的孩子去当壮丁。父母将家中仅有的3亩坟地典当出去，交了钱才使他免遭当壮丁的苦难。之后，家中生活更加艰难，他打算外出谋生。恰在是时，李凤岚得知他革命积极性很高，就把他带到了李河煤矿，并上了工人夜校，参加了当时该矿的革命组织“小朋友会”。后经李凤岚和夜校教师杨乃峰介绍，认识了当时积极从事革命活动的郭天德、王存义、黄振美、郎有才等“十大弟兄”，成立了支持工人革命活动的“声援会”，支持“红军朋友会”革命。1936年，经杨乃峰介绍，他在李河煤矿加入了“抗日民族先锋队”组织。在夜校党组织和朋友会的教育帮助下，他的思想进步很快：由狭隘的复仇心理，转化为打倒日本帝国主义、解放全中国的民族意识、爱国主义思想。

1935年，根据革命形势变化和工作需要，他往返于李河、焦作、济源等煤矿之间，张贴标语、散发传单，宣传、联络群众，积极开展革命活动，并参加了王封矿工人的罢工运动。

李凤岚因从事革命活动被当局抓捕，出狱后，指示张培武与靳古峰一道，处死了在道清一号里居住的特务、国民党政治处处长。又派张培武打入赵士甫的铁道部护路警中队内部，从事地下革命活动。他因被伪保安队打了伏击而受伤，被组织转移到山西晋城养伤。在此期间，他按照李凤岚、杨乃峰的指示，与靳古峰、郭天德打死了人称“黄副官”的别动队队长，将一支左轮手枪和缴获的子弹，交给了组织。事后，组织上为了他的安全，让李凤岚送他到武陟小孙庄太行区办事处。扶辅学校校长韩秩吾和杨乃峰老师，将他送到了修武县抗日民主政府驻地的大东村学习。1937年他加入了中国共产党，后被组织派往赵谭支队，历任指导员、团总支书记等职，直到1942年。

其间的革命经历是：早在1938年，他在许河事件战斗中左臂负伤。

1939年，他参加了攻打朱怀冰部的晋东南战斗。

1940年，水冶战役腰部负伤。在刘伯承指挥的响堂铺战斗、上党战役中头部负伤。因身体多处伤残，被鉴定为二等残废。

之后的1943年，转到地方工作，发展地方武装。

同年，他参加了由晋冀鲁豫公安总局侦察处长李一夫亲自指挥的追捕政治土匪赵勋的行动。经过林县、彰德、温县，最后追到涉县将其活捉，受到了领导的表扬。

1945年之后，他曾任区长、站长、队长等职务。日本投降后，他参加了开辟新区、锄奸反霸、土地改革等重大革命斗争，支援了平津战役，着手了邯长铁路的筹建工作。

1950年，他进入天津，从事城市建设工作，历任主任、经理职务和天津市房地产管理局副局长。在海河改造、污水厂治理、煤气建设、唐山地震后重建大楼与水泥厂扩建、改造居民房屋等工作中，勤勤恳恳地做了许多工作。

1982年，这位老革命因患癌症离休。

教育精英父子仨

张景明供稿　有增删

南朱村人口碑相传至今的教育精英父子三人，为祖国教育事业立下了不朽的功勋。

命运多舛张兰汀　张兰汀字鹤洲，生于1896年3月。幼时在本乡、博爱等地求学，后考入北京大学经济系。1926年以优异成绩毕业后，在河南辉县教中学，后又到开封省政府某厅任科员。1932年回乡，先后任博爱县清化师范学校校长、焦作中福中学教师等职。1938年，日寇逼近家乡前夕，他离校逃到陕西宝鸡，担任宝鸡惠口私立中学教务主任。1940年，返回河南洛阳，任河南省财政厅科长。1944年日军攻过黄河后，他又辗转到西安、郑州，任河南第九联中教师。解放战争中，他随学校南迁。1950年，重庆解放后回到西安，与次子庆嵩同住西北大学。1954年，他被推介为陕西扶风县中学数学教师。1956年，调凤翔县师范任数学教师，

1960年，因隐瞒参加过国民党的历史问题，被解职返回原籍南朱村，接受群众管制劳动。

1982年，他的“历史问题”得以平反，享受退休待遇。1984年在郑州病逝，享年88岁。

张兰汀先生一生辛勤耕耘在教育战线上，为祖国教育事业做出了较大贡献。

辗转流离张庆云　张庆云是张兰汀的长子，少时在家乡读书。1936年考入国立河南大学历史系。1937年全面抗战展开，学校迁往西安并入西北大学。1940年毕业于西北大学历史系。早在上大学期间，他曾在河南鲁山私立鲁阳中学、西安高中代课，任历史教员。1941年初，他在黄埔军校宝鸡特种兵联合分校任史地教官。1944年2月，调任汉中南郑黄埔一分校，任史地教官。1946年夏，到洛阳和平学校任校长。1947年春至1949年9月，又回到西北大学任训导员、文物研究室职员等。

1949年10月，他回乡参加土改，后又参加南阳土改工作团。土改结束后，于1951年2月到郑州一中任历史教师。1953年8月，调郑州第三高中任历史教

师。1958 年反右派后期被错划为右派，返乡劳动。直至“文化大革命”后，于 1978 年才被彻底平反，到郑州十一中任历史教师。1983 年到河南电大省直分校任主讲教师。

张庆云先生忠于党的教育事业，在各个岗位上都是兢业勤勉。终因积劳成疾、医治无效，于 1988 年走完了他 71 岁的人生历程，留下了诸多的美谈。

地厅级别张庆嵩 张兰汀的次子张庆嵩，生于 1920 年 1 月，曾先后就读于南朱村小学、焦作矿立小学、焦作中学。1933 年初中毕业，先后在开封两河中学、安阳高中学习。1939 年考入西北大学物理系，1943 年毕业，获物理学士学位。之后在陕西泾阳农业职业学校和汉中联合中学任高中物理教师。

1945 年 8 月日本投降后，应岳劼恒教师函聘，返回西北大学任助教，1946 年随西北大学由城固县迁至西安。1949 年 8 月 20 日任讲师。1951 年获西北大学“优秀教师”称号。

1952 年，他升任物理系副教授时年仅 32 岁，是该校最年轻的副教授。同年，任物理系教研室主任。1957 年，他作为进修教师被选送到苏联莫斯科大学学习。1958 年回国，返校继续任教。

1962 年，他光荣地加入了中国共产党，翌年任物理系副主任后，被学校推选参加了陕西省群英会，被授予“先进工作者” 光荣称号。1966 年“文化大革命”爆发，他受到极大冲击，住“牛棚”、受管制，1969 年才恢复党组织生活。1977 年任物理系主任，1979 年晋升为物理系教授。1982 年 4 月，他作为西北大学友考察团成员，漂洋过海赴日本考察访问。

1980 年起，他先后任中共西北大学委员会委员，国家教育部高等院校物理教学编审委员会委员，中国物理学会理事、教学委员，全国中学生物理竞赛（即奥林匹克物理竞赛）委员会委员，陕西省科学技术委员会委员、中学生物理竞赛委员会主任委员和省物理学会理事长。

1989 年 12 月他光荣退休，享受地厅级待遇、国家特殊津贴。

他在教育战线工作了 56 个春秋，对祖国教育事业贡献巨大；在长期的物理教学中，积累了丰富的理论知识、宝贵的实践经验。教学功绩卓著，深受学生敬重、同行赞誉、领导器重——是高等教育、学科带头的佼佼者，也是南朱村人的骄傲。

少校军衔张兰金

张景明供稿 有增删

张兰金于1914年3月9日在南朱村出生，参军后更名为张均。幼时家境贫寒，向往新生活。1938年初加入工人革命组织，9月参加八路军一二九师。1939年加入共产党。1940年7月至1950年5月，先后担任太行五分区政治部干事、三十四团连指导员，地委整风队员、分区工兵三连指导员、警总二大队指导员，一二四团一营、三营副教导员、教导员，川北广元煤矿军代表等职务。

新中国成立后，他先后任五四六团政治处主任，空军第五航校职工科科长，第十四航校飞行大队政委，为部队建设和发展做了大量工作。1953年被国防部批准，授予少校军衔。1957年，被军委授予三级独立自由勋章、三级解放勋章。

1958年10月，转业回到河南。先后担任新华社河南分社摄影部主任、开封师院武装部部长、开封市体委副主任等职务。

1981年9月离职休养，享受地厅级待遇。1990年3月25日逝世，走完了他忠于党和国家、辛勤建设部队的人生之路。

人民功臣张庆阳

张景明供稿

张庆阳出生于1922年，自幼家贫、饱受苦难。1938年，他参加了隶属陈赓的部队。他性格豪爽耿直，曾当过警卫员、战士，参加过抗日战争、解放战争。由于作战勇敢屡建战功，光荣地加入了中国共产党，逐步升任为班长、排长、连长、副营长等职。淮海战役中，他身先士卒、冲锋在前，光荣负伤致残，被授予“人民功臣”称号，并鉴定为一等甲级残废。

1951年，他伤愈后光荣复原，回到原籍南朱村，参加社会主义改造和建设，为“人民功臣”称号增光添彩。在此期间，他曾任博爱县县委委员，担任南朱村中共党支部委员。

1991年病逝，享年70岁。

革命干部张兰台

张景明供稿　有增删

张兰台1912年2月出生在南朱村一个穷苦农民家庭。青少年时期受革命思想影响，于1923年参加李河煤矿革命组织“小朋友会”，积极支持工人革命组织“声援会”“红军朋友会”的革命活动。1936年经杨乃峰介绍，在李河煤矿加入了“抗日民族解放先锋队”组织，1937年加入中国共产党。后被派往赵谭支队，曾先后任指导员、团总支书记等职。在此期间，他先后从事过党的地下工作，打死了汉奸行动队队长黄副官。1938年，他经历了远近闻名的“许河事件”战斗。直到1943年，他都是在战火纷飞中度过：攻打国军朱怀冰部，参加晋东南、水冶保卫战及刘伯承指挥的响堂铺、上党战役。他作战勇敢、奋不顾身，先后臀、头、腰部负伤，落下了二等残疾。

退休干部张景明

张景明1947年元月4日（农历腊月十三日）出生在南朱村一户贫穷农民家里，姊妹5人居中为男，自幼全家珍爱。

张景明父祖时就家境贫困。但祖父开明，省吃俭用供父亲读私塾。旧社会穷人受尽苦难，父亲成家后一根扁担两条绳，奔波操劳养家糊口，勤恳的母亲操持家务，艰难度日。

新中国建立后，穷苦人翻身做了主人。有些文化、正直忠厚的父亲，先后担任过生产队保管员、大队食堂事务长；还担任过我市郊区群英河水库修筑工地南朱村库区保管员。张景明自幼受父亲正直、勤恳、敬业的影响，十多岁就决心长大要为祖国建设多做贡献。

20世纪60年代初期，国家百废待兴但国力有限，国民生活水平普遍不高，他家生活拮据。上初中后住校，得从家里带了好米、好面，到学校食堂换成饭票、上伙吃饭。特别是国家三年困难时期，低标准、瓜菜代、百日休整度饥荒，他和同学们在老师的带领下，到野外挖野菜充饥，靠每月3元钱的助学金读完了初中。

1965 他年考入焦作一中仍是住校，每周往返全靠步行。家庭仍然困难，勉强苦读年余还算顺景，是“文化革命”打破了他的大学梦，动乱中被迫退学，算是 1967 届高中毕业生。

回乡后先是被选拔为后备干部，之后到村校当民办教师。1969 年被抽调到朱村乡电影队，从事放映工作。由于工作勤恳、爱好书法和擅长民间文艺表演等诸多因素，深受群众欢迎。后又任区文化馆文化员兼文化站站长，1980 年转为正式干部。当年在全国文物普查中，获得省“文普先进工作者”荣誉。1986 年经乡党委、政府推荐，又通过考试合格后，离职到市委党校进修，1988 年大专毕业考试时，语文获得 97 分的好成绩！

党校大专毕业后回到原单位，奉命先去北敬村任党支部书记挂职锻炼一年。1990 年又抽调区委组织部帮忙一年。1991 年提升为副科级后，进入党委班子任宣传员。1982 年底调龙洞乡（太行山区）工作，先后任党委组织委员、副书记、乡人大副主任等职务，曾是中站区政协委员。

在龙洞乡工作期间，为改善山区党员结构，10 年内培养发展新党员 150 余名。1999 年晋升为正科级协理员，后退居二线。

2001 年返聘到王封街道办事处，任社区党总支书记，一干就是 10 年。在此期间，为社区培养、发展了 10 多名新党员。2003 年他获得市“优秀党员”称号，2005 年又获得市“反邪教先进工作者”荣誉。2011 年离职，返回南朱村家中。

后 记

经历了八个春秋的艰苦探索、多番修改之后，《忠烈公张昺》终于成书，与族人及读者见面了！趁此之机，道一道我的所想、所做和所知。

首先是亲情的感应，让我下决心，要为祖宗撰写这部传记。

早在改革开放之初，吾族允芝、崇德先生等前辈们，就着手搜集史料，撰写祖宗的传记。当时，我才是市作家协会会员。老人们曾多次捎信，让我回娘家商议撰写昺爷传记之事。那时我 40 多岁，比前辈们年轻，又是中学语文教师。老人们寄希望由我执笔，还将积攒到的有关史料交给我。从那个时候起，我虽多年探讨，但因正史记载不多和还得正常上班工作，没有充裕的时间，就将此事搁置了下来。

退休之后，我又想动笔。但查找、阅读有关书籍、史料，就用了多年的时间。直到 2007 年早春，我才下定决心动笔。我的想法得到了北朱村党总支书记、村委会主任张小爱的大力支持，从此便摇起了笔杆。

其次是得益于网络资料、信息，让我下定决心重新起笔。2011 年，5 万字的初稿完成之后，我越想越觉得单薄，经不起推敲。为了扩大视野，就想到网络上去瞧瞧。真是“不看不知道，看了吓一跳”！原来，专家、学者们早就在研究我们的祖宗，好多新说前所未闻，我深感愧对祖宗！

于是，又进行了多番的考证，决心跳出原有的格局，推翻前稿，再次动笔重写。

三是村两委的大力支持，特别是一把手张小爱。

她虽很忙，但指派了咸利、征保等为这部传记奔忙。我曾多次随村人、个人赴晋考察、搜集资料，拜谒都城隍庙和“忠爷祠”等，开阔了眼界，充实了许多具体的内容。说实话，没有山西之行，就写不出这部传记来。

四是感谢允芝、崇德等前辈们留下的宝贵史料；感谢今贤征兴、保法等考察、撰写的前期成果，使得我少走了许多弯路，在他们辛勤劳作的基础上继续前行。

五是吾昺爷一脉后裔众志成城，齐心协力——众人拾柴火焰高。从现象上看：是我在撰写昺爷的传记；事实上，是众族人的支持与关注，凝聚于我的笔端。

早在 2014 年 3 月，这部传记完稿之后，我先请德高望重的研究著作者审稿：首先是家兄征兴。当时，他的眼疾很重，但欣然审稿。经过一个多月的仔细审阅，就明代科举考试等，提出了 5 条“重要时间点”，提醒我注意核查。

之后，我又请多年研究昺爷历史、昺爷故里的山西省晋城市泽州县高都镇岭上村的党支部书记张保法审稿，并特别请求：注重为传记中的山西部分把关。我将书稿送了上去。保法书记甚是认真，经过两个多月的辛勤审稿，提出了不少的疑问，并亲自过来当面赐教。对于人名、地名和史实还不够确切的，我们边说边改正，气氛融洽极了！还有些疑点，事后都做了仔细地核查与验证。在此之前的 7 月初，小爱书记带领党员们到西柏坡考察学习去了。保法书记来了没见着她很是遗憾。所以之后又来了一次。从中可以看出保法书记的审慎与认真，以及对小爱书记的尊重！保法书记为了此书，月余时间两次下来，不畏炎热酷暑，为了祖宗的事业奔波劳累，实在令人敬佩与感动！

我想：吾张氏如若都像小爱、保法书记及咸利、征保、征兴等这样的话，祖宗的文化事业必定会越做越大！但愿我们阖族人等齐心协力，承前启后地弘扬祖宗的伟大精神，为全民实现“中国梦”的小康社会，做出应有的贡献！

无独有偶，吾族之开明热心人士不在少数——守深、本聪则是不畏严寒，大冷天因非常惦念传记进展情况，骑着自行车到我王封家来，补充内容，提供读物。情深至切，感人至深！在此重申：此书其实是吾张氏族人的共同劳动成果！在此，对为此书不遗余力提供帮助的诸君，一并表示感谢！

更让人感激的是：此书二样书于 2014 年 12 月 11 日征求意见时，年近八旬的守深、本聪族叔，坐公交车转乘到市里；心脏放置了支架的克强，还与其长姐（已故）婿卢宏军先生，也驱车赶来市里；年逾古稀的征云及其胞弟征法等，全都不畏严寒，汇拢于市里作者家中，真诚恳谈、集思广益，尽最大努力完善样书的封面、图片与内容——我确实并非“孤军作战”，温馨的惬意令我幸福异常！

上边说了这么多，真正的“幕后英雄”是中站区文体广新局领导，是他们的大力支持，才使书稿变成了书籍——他们是此书最大功臣，是我们张氏的靠山与恩人！鉴于近些年来北朱村关闭煤矿后经济捉襟见肘状况，书刊管理费用和印资都成问题。我区文体广新局局长郭凌年轻有为，下大力气做大做强昺爷文化产业。

她四出拉赞助，联系省里媒体和出版单位，督导出书进程等，作为自己的事业忙碌辛苦着。中州古籍出版社编审、族弟张弦生，不遗余力地牵线搭桥、出谋划策，严格把关，义务编审。上述各位都是加快此书出版进程的推手与功臣！在此一并诚挚感谢！

尽管，我已尽了最大的努力，也曾想过征求更多吾族同仁们的宝贵意见，但心有余而力不及：腿疾未愈，行动、交通皆都不便，使得预想搁浅，还请见谅！因年逾古稀精力不济，再加上水平有限，书中谬误难免会有。敬请赐教。谢谢！

张咸贞

2014 年 5 月于开心书屋

2016 年 10 月于逸景雅居完成终校